鹿と鳥の文化史

古代日本の儀礼と呪術

平林章仁

白水社

目次

［装幀］——今東淳雄

maro design

第一章　海を渡る鹿

平安時代前期の文人政治家、菅原道真の詩文集『菅家文草《かんけぶんそう》』巻三の「舟行五事」は、彼が瀬戸内海を舟行中に目にした光景を詠んだものであるが、次に記すのはその第三段冒頭部である。(1)

区区《くく》たり　海を渡る麑《かこ》
舌を吐《は》きて蹄《ひづめ》を停《とど》めず
潮頭《しほがしら》をば再び三たび顧《かへり》みる
故山《こざん》の谿《たに》を恋ふらむが如し

おそらく、菅原道真は舟行中に瀬戸内海を泳ぎ行く鹿、それも「区々」とあることから群鹿の泳ぎ渡るのを見て詠んだものと思われる。

平安時代末の『梁塵秘抄《りようじんひしよう》』巻第二には、次の風俗歌がおさめられている。(2)

淡路《あはじ》の門《と》渡る特牛《とこい》こそ
角を並べて渡るなれ

後《しり》なる女牛《めうし》の産む特牛
背斑《せまだら》小女牛は今ぞ行く

特牛とは重荷を負うことができる強い牡牛のこと。この風俗歌は、逞《たくま》しい特牛を先頭にして女牛、続いて女牛の産んだ子供の特牛、さらには背中がまだら模様の小女牛が、おそらくは舟につながれて明石海峡あたりの瀬戸内海を、港から港へと泳がせて運ばれていく風景について詠んだものであろう。

菅原道真のような平安時代の都人士らには、大型獣の海を泳ぎ渡る光景は珍しく驚きであったろうが、海浜や海上を主たる生活の場とした古代の海人《あま》にとって、それは必ずしも珍しいことではなかった。

一 『風土記』の鹿

『播磨国風土記』には、十指に余る鹿にまつわる説話・伝承が記載されており、これが当風土記の特色の一つをなしているとも言える。

たとえば、讃容《さよ》郡々首条には「玉津日女命《たまつひめのみこと》（賛用都比売命《さよつひめのみこと》）が生きた鹿を捕えてその腹を割き、稲種を蒔《ま》いたところ一夜で苗に生育した」、賀毛《かも》郡雲潤《うるみ》里にも「太水神《おほみずのかみ》が宍《しし》の血で田をつくるので川の水は要らないと言った」などとあり、農耕儀礼に鹿を犠牲としていたことを神々の物語として伝えている。また、賀古《かこ》郡や餝磨《しかま》郡の郡首条、揖保《いひぼ》郡香山《かぐやま》里(3)（もとの地名は鹿来墓《かぐはか》）条などでは、「丘が鹿児《かこ》の形に似ていた」、「大三《おほみ》間津日子《まつひこ》命が屋形を造った時に大鹿が鳴いた」、「伊和《いわ》大神の国占めの時に鹿がやって来た」と、地名起源説話に鹿が登場する。

いずれも注目される内容であるが、これらは播磨地方に鹿が多く棲息《せいそく》していたこと、あるいは鹿が古代人に最も身近な獣であったこと以上の、人と鹿との深い関わりを示唆している。なかでもことさら興味をひかれるのは、海を泳いで渡る鹿の説話である。

まず、同風土記揖保郡伊刀嶋《いとしま》条には次のように伝えられている(4)。

伊刀嶋　諸《もろもろ》の嶋の總名《すべな》なり。右は、品太《ほむだ》の天皇、射目人《いめひと》を餝磨の射目前《いめさき》に立ててみ狩したまひき。ここに、我馬野《あがまの》より出でし牝鹿《めじか》、此の阜《をか》を過《よぎ》りて海に入り、伊刀嶋に泳ぎ渡りき。その時、翼人《いめひと》等望み見て、相語りていひしく、「鹿は、既《はや》く彼《そ》の嶋に到り就《つ》きぬ」といひき。故《かれ》、伊刀嶋と名づく。

品太（応神）天皇が餝磨郡射目前（兵庫県姫路市手野付近）に射目人(5)を立てて狩猟をしたとき、我馬野より走り出た牝鹿が、海に入り伊刀島（兵庫県家島諸島）に泳ぎ渡ったという。応神天皇が狩猟でねらった獲物を得ることのできなかったことが伊刀嶋の地名起源説話となっており、その失敗の原因は牝鹿が海を泳いで家島諸島に渡ってしまったからだというのである。鹿がよく海を泳ぎ渡ることをもとにした説話であるが、鹿の渡海を狩猟の際と伝えていることは留意しなければならない。

ほぼ同一内容の説話が、同風土記餝磨郡少川《をがは》里英馬野《あがまの》（我馬野に同じ。兵庫県姫路市）条にも記されている。

英馬野と号《なづ》くる所以《ゆゑ》は、品太の天皇、此の野にみ狩したまひし時、一つの馬走り逸《に》げき。勅《の》りたまひしく、「誰《た》が馬ぞ」とのりたまひき。侍従等《おもとびとたち》、対《こた》へていひしく、「朕《あ》が君の御馬なり」とまをしき。即《すなは》ち我馬野と号《なづ》く。是の時、射目を立てし処は、即《すなは》ち射目前と号け、弓折れし処は、即ち檀丘《まゆみをか》と号け、御立《みたち》せし処は、即ち御立丘と号く。是の時、大きなる牝鹿、海を泳ぎて嶋に就《いた》りき。故、伊刀嶋と号く。

これによって、英馬野・射目前・檀丘・御立丘・伊刀嶋など一連の地名の起源説話があり、先の揖保郡伊刀嶋条はその一部であったことが理解される。また、英馬野条でも弓が折れたとあって、応神天皇の狩猟が不成功に終わったと伝えられている。これらの説話で応神天皇云々とあるのを史実とみるには大いに疑問があるが、王者の狩猟の不成功が意味するところは考察に値しよう。狩猟のもつさまざまな意味については後章で述べるとして、牝鹿が瀬戸内海を泳ぎ渡った伊刀嶋＝家島諸島の男鹿島《だんか》には近世にも多数の鹿が棲息していたといわれ、[6]鹿が実際に海を泳ぎ渡ることがあったと考えられる。瀬戸内海の沿岸部や島嶼《とうしょ》に住む人々にとって、海を泳いで渡る鹿が日常見聞する事柄であったことは、次の説話からも窺うことができるが、やはり狩猟にかかわることとして伝えられていることは重要である。

それは夢野（神戸市兵庫区）の地名起源説話でもある、『釈日本紀』所引の『摂津国風土記』逸文である。

雄伴《をとも》の郡《こほり》。夢野《いめの》あり。父老《おきな》の相伝へて云へらく、昔者《むかし》、刀我野《とがの》に牡鹿ありき。其の嫡《むかひめ》の牝鹿は此の野に居り、其の妾《をむなめ》の牝鹿は淡路の国の野嶋に居りき。彼の牡鹿、屢《しばしば》野嶋に往きて、妾と相愛《あひうるは》しみすること比《たぐ》ひなし。既にして、牡鹿、嫡の所に来宿《やど》りて、明くる旦《あした》、牡鹿、其の嫡に語りしく、「今の夜夢みらく、吾が背に雪零《ふ》りおけりと見き。又、すすきと曰《い》ふ草生ひたりと見き。此の夢は何の祥《さが》ぞ」といひき。其の嫡、夫の復《また》妾の所に向《おもむ》かむことを悪《にく》みて、乃《すなは》ち詐《いつは》り相《あは》せて曰ひしく、「背の上に草生ふるは、矢、背の上を射む祥なり。又、雪零るは、白鹽《あわしほ》を宍《しし》に塗る祥なり。汝《いまし》、淡路の野嶋に渡らば、必ず船人に遇ひて、海中に射死《いころ》されなむ。謹《ゆめ》、な復往きそ」といひき。其の牡鹿、感恋《こひのおもひ》に勝《た》へずして、復《また》野嶋に渡るに、海中に行船《ふね》に遇逢《あ》ひて、終《つひ》に射死されき。故、此の野を名づけて夢野と曰ふ。俗《くにひと》の説《ことわざ》に云へらく、『刀我野《とがの》に立てる真牡鹿《まをしか》も、夢相《いめあはせ》のまにまに』といへり。

摂津国雄伴郡刀我野（神戸市兵庫区）にすむ牡鹿が、自分の背に雪が降りススキが生える夢をみた。嫡妻の牝鹿は、夫である牡鹿が妾妻のすむ淡路の野島（兵庫県津名郡北淡町）に頻繁にかようこ

図1　矢を射られる牡鹿（弥生時代中期の土器絵画．奈良県・清水風遺跡出土）

とをにくみ、その夢は矢を射られ塩を塗られる（射留められて食用とされる）祥であると、詐りの夢相(7)（夢判断）をした。ところが、野島に渡れば必ず海中で船人に仕留められるとの嫡妻の言に従わず出かけた牡鹿は、泳いで渡る途中の海中で船人に射殺されてしまった。ゆえに刀我野を夢野ともいうようになったという。鹿を主人公にした恋愛譚でもあり、単なる説話というよりは一つの文学作品のような印象を受けるが、もとより史実ではない(8)。ただし、この説話を創作・伝承した人々や、それを読んだ人々の間に、鹿が本州と淡路島の間の瀬戸内海を泳ぎ渡るのは珍しくないということが、共通の知識として存在したことは確かであろう。そうでなければ、こうした説話を創作・伝承しても誰も受け入れなかったと考えられる。

刀我野における狩猟と夢相については後章で述べるが、牡鹿が刀我野から海を泳いで渡ろうとした淡路の野島は、三原とともに海人の本拠地として古来著名であり(9)、右の説話の背景にはこれら淡路の海人の存在も想定される。牡鹿が渡海中に船人に射留められたとあるが、この説話の伝えるとおり、海を泳ぐ動きの鈍った鹿を海人が船中から射留めることもあったのではないかと推察される。また、淡路島には古くから多数の鹿が棲息しており、次に触れるように歴代天皇の同島での狩猟伝承も少なくない。

二　『日本書紀』の鹿

『日本書紀』(10) 仁徳天皇三十八年七月条は、右に引いた『摂津国風土記』逸文の異伝とみられるが、重要な相違点もあるので、少し長くなるが引用してみよう。

秋七月に、天皇と皇后と、高臺《たかどの》に居《ま》しまして避暑《あつきことをさ》りたまふ。時に毎夜《よなよな》、菟餓野《とがの》より、鹿の鳴《ね》聞ゆること有り。其の声、寥亮《さやか》にして悲し。共に可怜《あはれ》とおもほす情《みこころ》を起したまふ。月尽《つごもり》に及《いた》りて、鹿の鳴聆《きこ》えず。爰《ここ》に天皇、皇后に語りて曰はく、「是夕《こよひ》に當《あた》りて、鹿鳴かず。其れ何に由《よ》りてならむ」とのたまふ。明日、猪名県《ゐなのあがた》の佐伯部《さへきべ》、苞苴《おほにへ》献れり。天皇、膳夫《かしはで》に令《のりごと》して問ひて曰はく、「其《か》の苞苴は何物ぞ」とのたまふ。対《こた》へて言さく、「牡鹿なり」とまうす。問ひたまはく、「何処の鹿ぞ」とのたまふ。曰さく、「菟餓野のなり」とまうす。時に天皇、以為《おもほ》さく、是の苞苴は、必ず其の鳴きし鹿ならむとおもほす。因りて皇后に語りて曰はく、「朕《われ》、比《このごろ》懐抱《ものおも》ひつつ有るに、鹿の声を聞きて慰《こころやす》む。今佐伯部の鹿を獲れる日夜《とき》及び山野を推《おしはか》るに、即ち鳴きし鹿に當れり。其の人、朕《よ》が愛みすることを知らずして、適逢《たまさか》に獮獲《いえ》たりと雖《いへど》も、猶已《なほや》むこと得ずして恨《うらめ》しきこと有り。故《かれ》、佐伯部を皇居《みやこ》に近けむことを欲《ほり》せじ」とのたまふ。乃ち有司《つかさ》に令《のりごと》して、安芸《あき》の渟田《ぬた》に移郷《つかはす》す。此《これ》、今の渟田の佐伯部の祖《おや》なり。俗《くにひと》の曰へらく、「昔、一人有りて、菟餓に往きて、野の中に宿れり。時に二《ふたつ》の鹿、傍《かたはら》に臥《ふ》せり。鶏鳴《あかつき》に及ばむとして、牡鹿、牝鹿に謂《かた》りて曰はく、『吾、今夜夢みらく、白霜多《さは》に降りて、吾が身をば覆ふと。是、何の祥ぞ』といふ。牝鹿、答へて曰はく、『汝《いまし》、出行《あり》かむときに、必ず人の為に射られて死なむ。即ち白鹽《しほ》を以て其の身に塗られむこと、霜の素《しろ》きが如くならむ応《しるし》なり』といふ。時に宿れる人、心の裏《うち》に異《あやし》ぶ。未及昧爽《あけぼの》に、猟人《かりびと》有りて、牡鹿を射て殺しつ。是《これ》を以て、時人《ときのひと》の諺《ことわざ》に曰はく、『鳴く牡鹿なれや、相夢《いめあはせ》の随《まま》に』といふ」といへり。

猪名県（兵庫県尼崎市の一帯）の佐伯部(11)が菟餓野（『摂津国風土記』逸文の刀我野に同じ）の牡鹿を「苞苴《おほにへ》」として天皇に献上したが、それは天皇が鳴き声を楽しんでいた鹿だったので恨めしく思い、佐伯部を猪名県から安芸の渟田（広島県竹原市）に移郷させたと伝えている(12)。この説話から、稲作にかかわる秋の首長儀礼として高殿《たかどの》から鹿を見、鹿鳴をきく呪的行事があったとも想定されているが(13)、それはさておき、『日本書紀』はさらに、「俗の曰へらく」として先の『摂津国風土記』逸文とほぼ同様の「相夢」説話を記している。

『摂津国風土記』逸文と『日本書紀』当該条の主な相違点は、後者では夢野の地名が出てこない（つまり地名起源説話になっていない）こと、牡鹿が海を泳ぎ島に渡る部分が欠落している（海人との関係が語られていない）こと、前者には佐伯部関連の伝承がないことの三点である。

これは、『日本書紀』当該条が佐伯部の移郷を主体とした物語に仕立てられているために生じた相違点と考えられる。しかしその結果、この説話の前半部と「俗の曰へらく」以下の後半部は、内容のうえでも有機的連続性を欠如した体裁となってしまっている。『日本書紀』の場合、物語の展開上からも後半部を記載しなければならない必要性は見あたらず、無理に付加したとの感が強い。にもかかわらず、あえてこの部分を記しているということは、後半部こそがこの説話のより本来的な伝承であったことを示唆している。

ただし、この部分が在地の伝承を忠実に記載しているかについては疑問がある。『風土記』と『日本書紀』の一般的な先後関係からすれば、成立の遅れた前者が後者を参照して記事を作ったとみられる例が少なくない。この場合も、「俗の曰へらく」とあって『日本書紀』が在地の伝承を採録しているかにみえ、表面的には古い伝承にみえる。しかし、地域との関係や鹿の渡海部分が欠落していることからもわかるように、それは伝承と関わる土地から切り離された不確かな内容になっている。したがって、『日本書紀』よりも『摂津国風土記』逸文に、刀我野地域の在地伝承としての独自な内容がより多く存在すると考えられる。

なお、『日本書紀』当該条に鹿に白鹽《しお》をぬり苞苴《おおにえ》として貢献したとあること、また『摂津国風土記』逸文にも白鹽を宍に塗ると記されていることは、鹿肉の調理法とそれが贄《にえ》として貢進されたことを伝えたものとして重要である。また、『日本書紀』当該条は鹿の渡海伝承を欠落させているものの、猪名県の佐伯部が移郷されたという安芸の渟田付近にも、後述するように海を泳ぎ渡る鹿の棲息する島があることは留意されよう。

次に、『日本書紀』応神天皇十三年九月条の日向の髪長媛入内伝承の異伝（一云）を見てみよう。それは、鹿の渡海だけでなく鹿にまつわる儀礼を考察するうえで興味深い内容である。

一《ある》に云はく、日向《ひむか》の諸県君牛《もろがたのきみうし》、朝庭に仕へて、年既に耆耈《お》いて仕ふること能《あた》はず。仍《よ》りて致仕《まかりさ》りて本土《もとつくに》に退《まか》る。則《すなは》ち己《おの》が女《むすめ》髪長媛《かみながひめ》を貢上《たてまつ》る。始めて播磨に至る。時に天皇、淡路嶋に幸《いでま》して、遊猟《かり》したまふ。是《ここ》に、天皇、西を望《みそなは》すに、数十の麋鹿《おほしか》、海に浮きて来れり。便《すなは》ち播磨の鹿子水門《かこのみなと》に入りぬ。天皇、左右《もとこひと》に謂《かた》りて曰はく、「其、何《いか》なる麋鹿ぞ。巨海《おほうみ》に泛《うか》びて多《さは》に来る」とのたまふ。爰《ここ》に左右共に視《み》て奇《あやし》びて、則ち使を遣して察《み》しむ。使者至りて見るに、皆人なり。唯角著《つのつ》ける鹿の皮を以て、衣服とせらくのみ。問ひて曰はく、「誰人ぞ」といふ。対《こた》へて曰《まう》さく、「諸県君牛、是年耆《お》いて、致仕《まかりさ》ると雖《いへど》も、朝《みかど》を忘るること得ず。故に、己が女髪長媛を以て貢《たて》上《まつ》る」とまうす。天皇、悦《よろこ》びて、即ち喚《め》して御船に従《つか》へまつらしむ。是を以て、時人、其の岸に著《つ》きし処を号《なづ》けて、鹿子水門と曰ふ。凡そ水手《かこ》を鹿子《かこ》と曰ふこと、蓋《けだ》し始めて是の時に起れりといふ。

応神天皇が淡路島で遊猟をしたときに数十の麋鹿《おおしか》が海を泳いで渡り、播磨国の鹿子水門に入った。

不思議に思った天皇が使者を遣わしてよく見させたところ、実は角のついた鹿皮を衣服とした日向の諸県君牛らが髪長媛貢上にやって来たところであった。ゆえに、彼らが着いたところを鹿子水門といい、水手（水夫。舟を操る者）を鹿子というようになったと伝えている。この説話は、次の四つの点で注目される。

①海を泳ぎ渡る鹿についての知見が説話の背景として存在すること。
②地名鹿子および水手の呼称の起源説話であること。
③諸県君牛が有角鹿皮をまとっていたこと。
④天皇の淡路島での狩猟の際の出来事と伝えられること。

そこでまず、播磨国賀古郡鹿子水門（兵庫県加古川市・高砂市）の地名起源説話となっていることであるが、先に触れた『播磨国風土記』賀古郡々首条にも、狩猟の際に一鹿が丘に登って来て鳴き、この丘の形が鹿児のようだったので、その地を賀古と呼ぶようになったとあり、地名「カコ」と鹿の深いつながりが強く意識されていたことが知られる。

それと関わって、鹿子・水手をともにカコと称したのは、単に同音異義語をもとにした付会ないしは説話の創作・伝承（筆録）者の戯作ではなく、カコなる語が鹿子と水手の両者を同時に連想させるような社会的背景が実在していたからではなかろうか。それは海を泳いで渡る鹿と水手《かこ》（海人）との関係であり、渡海中の鹿を射留める海人の鹿猟との関係ではなかったかと推考される。『万葉集』[14]巻七に「名児《なご》の海を朝漕《こ》ぎ来れば海中《わたなか》に鹿子《かこ》そ鳴くなるあはれその水手《かこ》」（一四一七）とある歌は、カコが鹿子と水手を同時に連想させる語であったことを明瞭に示している。ちなみに、名児の海は摂津国住吉の辺りである。

次に、日向（宮崎県）の豪族である諸県君牛の有角鹿皮という装束について、狩猟の際に鹿をおびきよせる感染呪術とする説[15]や、毛皮を着て渡海することは実際にありえないという説[16]もあるが、私はそのままに解したほうが説話本来の意味をより正確に理解できると考える。

抜け落ちては新しく生えかわる鹿角は、その若角である鹿茸《ろくじょう》の勝れた薬効もふくめ、生命の永遠性、不老長生を象徴するものであり、そのために鹿そのものが同様の象徴、永遠の生命をもつ霊獣として崇敬された。諸県君牛は日常の生活の場でも有角鹿皮をまとっていたのではなく、それは髪長媛を貢上するという儀礼に際しての衣裳であったことに留意しなければならない。儀礼の場で生命の永遠性、不老長生の象徴である角つきの鹿皮をまとった諸県君牛の姿は、同様の装束を身につけた北アジアのシャマンを彷彿《ほうふつ》させる。[17]

北アジアのシャマン[18]（巫覡《ふげき》）の装束には、角つきの鹿装束と羽根を冠した鳥装束の二種あるが、シャマンの装束で最も重要な部分は帽子（冠）であり、シャマンの呪力の大部分はそのなかに秘められていると考えられている。このシャマンの帽子の最も一般的な形のひとつに、鹿角をつけたりそれを表現したものがある。この帽子や両肩部に枝分かれした鹿角（を表現した金具）を付けた上着など、シャマンの鹿角装束は、ウノ・ハルヴァ[19]によれば、シャマンの鳥装束に対する平行形態として発生したものであり、ツングースのシャマンのなかにはこの両方の装束を同時にもつ者もあるという。

このようなシャマンの動物装束の目的について、ハルヴァは諸霊を脅して悪霊を追い払うためとするが、アレクセイ・オクラードニコフ[20]は、シャマンが動物装束を身に着けたのは、彼がその動物に、あるいは動物の表わす霊に変身し、その動物の性質を獲得するためであったと述べている。また、ミルチャ・エリアーデ[21]は、それはヒエロファニー（聖のあらわれ）とコスモグラフィー（宇宙誌）を構成し、単に聖なるものを表示するだけでなく宇宙的シンボル（象徴）と形而上的道程を啓示するものであると主張する。おそらく、ハルヴァの説くところは副次的な機能であって、シャマンの動物装束の本来の目的はオクラードニコフやエリアーデらの説くところにあったと考えられる。

図2　イェニセイ・シャマンの鹿角付頭飾り

こうした北アジアのシャマンの鹿角つき帽子は、鹿角を表現した立ち飾りをつけた新羅《しらぎ》の金製冠（たとえば五〜六世紀の瑞鳳塚古墳や天馬塚古墳・金鈴塚古墳などから出土）にも系譜的につながるものとみられているが[22]、中国では『列仙伝』[23]鹿皮《ろくひ》公《こう》伝に鹿皮を

写真１　ひざまずく鹿角帽子のシャマンの埴輪
（茨城県出土）

着て登仙したとあるように、神仙思想と結合した。

北シベリアのシャマンの鹿装束と古代日本のそれとの直接的な系譜関係の有無については分明ではないが、日向の諸県君牛が髪長媛貢上に際して角つきの鹿衣裳をまとった姿は、儀礼に臨む際の正装であり、その呪性をもって髪長媛と天皇の長生を言祝《ことほ》ぐとともに天皇に服属することをも意味するものであったと考えられる。同じ南九州出身の隼人《はやと》の犬まねである「吠狗」(24)が、悪霊を払う呪術であるとともに天皇に服属を誓う儀礼でもあったのと同様である。(25)

『日本書紀』顕宗天皇即位前紀に、室壽《むろほき》の場で、「……脚日木《あしひき》の　此の傍山《かたやま》に　牡鹿《さをしか》の角挙《ささ》げて　吾が儛《まひ》すれば、旨酒《うまさけ》　餌香《ゑか》の市《いち》に　直以《あたひ》て買はぬ。手掌《たなそこ》も憀亮《やらら》に　拍《う》ち上げ賜ひつ、吾が常世《とこよ》等《たち》。」と壽《ほ》き終えたとあるのは、新築の祝いに角つきの鹿衣裳をまとって言祝ぎする姿をうたったものである。また、『万葉集』巻十六に、「伊夜彦《いやひこ》神の麓に今日らもか鹿の伏《ふ》すらむ皮服《かわごろも》着て角附《つのつ》きながら」（三八八四）とあるのも、単に山麓にねそべっている鹿の姿をうたったもの[26]ではなくて、おそらくは角のついた鹿皮の衣裳を身にまとい、伊夜彦神の祭祀に参加する人物の姿をうたったものと考えられる。このように鹿装束は、神に事《つか》え、その祭儀に参加する者の装いであったため、言祝ぎにも、さらには服属を意味する装いにもなりえたのである。[27]

なお、諸県君牛らが鹿装束をつけてやって来たというこの出来事が、天皇の淡路島での狩猟の際と伝えられることについては、古代天皇の狩猟、とくに淡路島での狩猟のもつ政治的・宗教的意味の重要性を、さらには、服属儀礼において淡路島ないしは同島の海人が重要な役割を果たしたことがあったことなどを示唆していると考えられる。[28]

三　海人と海を渡る鹿

ところで、鹿が川や海を泳ぎ渡るのは何も古典のうえだけのことではない。

愛知県額田郡岩津町（現岡崎市）の伝説[29]によれば、桶狭間の陣のときに徳川家康が八剱神社の老松の変じた三頭の鹿によって矢作《やはぎ》川を渡してもらったので、そこを三鹿の渡《わたし》というようになったという。もちろん、これは史実ではないが、鹿が矢作川を泳ぎ渡ることが珍しくはなかったため、近世にもこうした伝説が成立したものと考えられる。

宮城県牡鹿郡牡鹿町金華山に棲《す》む鹿は、牡鹿半島との間の約二六〇〇メートルの鹿渡（山鳥渡）を泳いで渡るという。[30]この辺りの海は、日本海流と千島海流が出会って潮目ができ、魚種の豊富なことから古来漁業が盛んであり、牡鹿半島には年齢集団や頭上運搬など海人に特有の文化も分布する。[31]また、動物の骨を焼いて占う骨卜は弥生文化とともに日本にもたらされたものであるが、それに用いた卜骨（古くは鹿が大半をしめる）の最北出土地が牡鹿半島に近い宮城県塩釜市の裏杉ノ入遺跡であること、[32]鹿角を冠して踊る鹿踊りが分布することなど、[33]古くからの鹿の民俗や鹿と海人との関係を示唆するものが存在することも参考になる。

常陸国鹿嶋郡（茨城県鹿島町）に鎮座する延喜式内名神大社の鹿島神宮の鹿[34]は、古くから神鹿・神使として崇敬され、「香嶋」を「鹿嶋」と改めたのもこの神鹿との関係にもとづくという。また、神護景雲二年（七六八）に鹿島の神を平城京に勧請して春日大社を創祀する際、神を白鹿の背に乗せて遷座したと伝えられる。[35]今日、内外の観光客に親しまれている「奈良の鹿」の起源をなすものであるが、現在、鹿島神宮にも五〇頭ばかりの神鹿がいる。この鹿島神宮周辺は水郷としても古来著名な地であるが、昭和三十二年以降に台風で二度ほど鹿園の柵がこわれて鹿が逃げ出し、北浦湖（幅約一キロ）を泳いでいるところを捕捉したことがあるという。[36]

鹿島神宮にほど近い、『常陸国風土記』香島郡角折浜の地名起源説話は、おそらく在地の古伝承を採録したものとみられるが、他に類例のない珍しい内容である。

その南に有らゆる平原を角折《つのをれ》の浜と謂《い》ふ。謂へらくは、古《いにしへ》、大きなる蛇あり。東の海に通《いた》らむと欲《おも》ひて、浜を掘りて穴を作るに、蛇の角、折れ落ちき。因りて名づく。或るひといへらく、倭武《やまとたける》の天皇、此の浜に停宿《やど》りまして、御膳《みけつもの》を羞《すす》めまつる時に、都《かつ》て水なかりき。即《やが》て、鹿の角を執《と》りて地を掘るに、其の角折れたりき。この所以に名づく。

大蛇が鹿島灘に出るために浜に穴を掘ろうとしたとき、その角が折れたので「角折浜」と名づけたとあるが、これには異伝があって、倭武天皇が水を得ようとして鹿の角で地を掘ったときに角が折れたので名づけたとも伝える。龍を連想させる有角の大蛇と水や海との結びつきについては改めて述べるまでもないが、ここで鹿角と水の関係が語られていることは重要である。それは、説話を伝承した人々の宗教的観念においては、水神の象徴でもある大蛇の角と鹿の角が、ひいては蛇と鹿が、同一ないしは類似の霊的機能を象徴する存在であったことを示している。つまり、大蛇の角と鹿の角が容易に置換しうるものと考えられていたのである。これは鹿が海や川などをよく泳ぎ渡る水辺の動物でもあるという知見と無関係ではなかろう。そこには雨乞いに鹿踊りが踊られることと共通する宗教的思惟が存在するのではないかとも思われるが、いずれにしても、次章で述べるように鹿が水神と関係深い動物とみられていたことは、鹿の犠牲を用いた農耕儀礼ともかかわって留意されよう。

ところで、古典にみる海を泳ぎ渡る鹿の伝承はいずれも瀬戸内海を舞台とするものであったが、現在も瀬戸内海には鹿の棲息する島が少なくない。

その一つである岡山県和気郡日生《ひなせ》町の鹿久居《かくい》島[37]は、往時は鹿喰島とも記された日生諸島最大の島である。島名の起源については、漁業に従事していた同島の住民が鹿を食したことから鹿喰島と称されるようになったとも伝えられており、同島の漁民が鹿猟を行なっていたことを示唆している。鹿久居島には平安時代以前から鹿が棲息していたようであるが、江戸時代には岡山藩の支配下となって藩主以下家臣の鹿猟もたびたび行なわれた。しかし、明治以降はその数が激減したため、現在は禁猟、保護されている。江戸時代に藩主らが鹿猟を行なったときの捕獲頭数が一〇六あるいは七二頭などと伝えられることからみて、かつては多数の鹿が棲息し、しかも比較的容易に射止めることができたものと思われる。なお、鹿久居島と本土との間のうちわだの瀬戸（約八〇〇メートル）を鹿が泳いで渡る例も数多く語り伝えられている。

次に、広島県佐伯郡宮島町厳島[38]にも野生の鹿が棲息するが、天文九年（一五四〇）以前から棲息していたことは確かであり、同島と本土との間の大野瀬戸（約一八〇〇メートル）を泳いで渡ることも珍しくはない。厳島には平家納経で有名な延喜式内名神大社の伊都伎嶋《いつきしま》神社（厳島《いつくしま》神社）が鎮座するが、祭神は市杵島《いちきしま》姫・田心《たごり》姫・湍津《たぎつ》姫である。本来この三女神は、沖津《おきつ》宮のある沖ノ島が祭祀遺跡として著名な福岡県の宗像《むなかた》大社（延喜式内名神大社）の祭神であって、厳島神社は北九州を本拠とする宗像（胸肩）系海人らが奉斎したものとみられている。[39]ここでも海を泳ぎ渡る鹿と海人の結びつきが推測されるが、鹿猟の有無については明らかではない。ただ、厳島の所属する佐伯郡は、先に触れた『日本書紀』仁徳天皇三十八年七月条に、天皇の愛《め》でていた菟餓野の鹿を射留めて贄《にえ》として献上したために安芸国に移配されたという佐伯部にちなむ地名とみられ、また、厳島神社の神主は平安時代には佐伯朝臣を称しており、(40)ここでも佐伯部と鹿の関係が推測されることは単なる偶然ではなかろう。

いまも鹿の棲息する、愛媛県大三島町(41)に鎮座する延喜式内名神大社の大山祇《おおやまつみ》(積)神社（三島神社）の祭神大山積神のまたの名は、航海神を意味する和多志《わたし》大神とも伝えられ(42)海人との関係を窺わせるが、『伊予三島縁起』(43)によれば三島神社の祭礼に鹿の犠牲を用いていたとあり、犠牲の鹿はもちろん狩猟で捕獲するものである以上、ここにも海人と鹿の結びつきが窺える。

岡山県鹿喰島と類似した地名に徳島県宍喰《ししくい》町があるが、かつての阿波国海部郡であり、この地方の海人の本拠地でもあった。『大日本地名辞書』所引の『名所図会』は、同町の円通寺開基の事情を、

鈴峯山円通寺は宍喰浦に在り。相伝ふ応安三年の比、猟夫鹿を逐ふて鈴声をきき此峯に入り、大悲大士の霊感を被り、発心して建営開創す。

と伝えている。宍喰の地名起源説話ともなっており、伝承の真偽を確認する術《すべ》をもたないが、海人の本拠地における鹿猟伝承として注目される。また、宍喰町の沖に鹿子居島という名の小島がある

のも示唆的である。

次は外国の例であるが、中華人民共和国の黄河の源流、ザリン湖中の三島からなる「鹿の島」に棲む白唇鹿は、よく島から島へ泳ぎ渡るという[44]。しかし、その途中を狙っての鹿猟が行なわれているか否かについては不明である。

スカンジナビア半島北部のラップランドでは、夏にはトナカイに海を泳がせてフィヨルド沖の島に追いこみ放牧、飼育する[45]。もちろん、これは野生のものではなく明らかな家畜であるが、トナカイがよく海を泳ぐという習性を利用した牧畜である。

シベリアのケット族は、秋にはヘラ鹿（エルク）の移動路に沿って陥し穴を設けて捕獲するが、春になるとヘラ鹿が川を泳いで渡るのを待ちうけて小舟の上から射留める。これを「ポポールカ」猟といい、ヌガナサン族は夏から秋にかけて、犬を使って野生のトナカイを水中に追い込み、丸木舟で近づいて舟中から槍で刺殺する[46]。

これらはシカ科の動物が海や湖・川をよく泳ぎ渡ることを利用した狩猟法であり、その起源は先史時代にまでさかのぼるといわれている。ユーラシア大陸北部にみられるシカ科の動物の追い込み猟と、古代日本の狩猟技術との系譜関係の有無については何とも言えないが、海人の渡海中の鹿猟を考察するうえで参考となろう。

四　海人と鹿猟

『日本書紀』允恭天皇十四年九月条は、海人と狩猟の深い結びつきを伝えたものである。

天皇、淡路嶋に猟《かり》したまふ。時に麋鹿《おほしか》・猨《さる》・猪、莫莫紛紛《ありのまがひ》に、山谷に盈《み》てり。炎のごと起《た》ち蠅のごと散《さわ》ぐ。然れども終日《ひねもす》に一《ひとつ》の獣《しし》をだに獲たまはず。是に猟止《や》めて更に卜《うらな》ふ。嶋の神、祟《たた》りて曰はく、「獣を得ざるは、是我が心なり。赤石の海の底に、真珠《しらたま》有り。其の珠を我に祠《まつ》らば、悉《ふつく》に獣を得しめむ」とのたまふ。爰《ここ》に更に処処の白水郎《あま》を集《つど》へて、赤石の海の底を探《かづ》かしむ。海深くして底に至ること能《あた》はず。唯《ただ》し一《ひとり》の海人有り。男狭磯《をさし》と曰ふ。是、阿波国の長邑《ながのむら》の人なり。諸《もろもろ》の白水郎に勝《すぐ》れたり。是、腰に縄を繋《つ》けて海の底に入る。差須臾《やゝしばらく》ありて出でて曰《まう》さく、「海の底に大蝮《あはび》有り。其の処光れり」とまうす。諸人、皆曰はく、「嶋の神の請《こは》する珠、殆《ほとほど》に是の蝮の腹に有るか」といふ。亦入りて探《かづ》く。爰に男狭磯、大蝮を抱きて泛《うか》び出でたり。乃《すなは》ち息絶えて、浪の上に死《みまか》りぬ。既にして縄を下して海の深さを測るに、六十尋《ひろ》なり。則ち蝮を割く。実《まこと》に真珠、腹の中に有り。其の大きさ、桃子《もものみ》の如し。乃ち嶋の神を祠りて猟したまふ。多《さは》に獣を獲たまひつ。

允恭天皇が淡路島で狩をしたところ、山谷に鹿をはじめ多数のけものがいたにもかかわらず、一獣も得ることができなかった。そこで、その理由を占ったところ、嶋の神が祟り、「赤石の海底の真珠をもって私を祠《まつ》れば獲物があろう」と言ったので、あちこちの白水郎を集めて赤石の海に潜らせたが、あまりにも深くて誰も真珠を得ることができなかった。ただ、阿波国長邑（徳島県那賀郡）の海人の男狭磯のみがその真珠を得ることができたが、海底から浮上したときにはすでに息絶えていた。この真珠を嶋の神に捧げて祠り猟をしたところ、多数の獲物があったという。

この説話は知識人の構想による変形もこうむっており[47]、必ずしも在地伝承そのままではないが、縄で水深を測量したり腰縄をつけての潜水など海人の潜水漁法が具体的に記されていることからみて、本来は淡路島の周辺の海で活躍した海人の伝承であったとみられる。赤石の海底から採った真珠をもって祠れと言って祟った島の神は、伊奘諾尊《いざなぎのみこと》（津名郡の延喜式内名神大社の淡路伊佐奈伎神社[48]）であろうが、天皇といえども朝廷の直轄領的な淡路島[49]での狩猟に際しては、島の神の祭祀と海人の協力がなければ獲物を得ることは困難であるというのが、この説話の主旨であろう。狩猟を陸上のみの行為とする現代的常識からすれば奇異なことであるが、淡路島における王者の狩猟が海人と深い関係にあったことを伝えたものとして興味深い。

『肥前国風土記』松浦郡値嘉《ちか》郷条にも、白水郎の狩猟が記されている。

彼《そ》の白水郎《あま》は、馬・牛に富めり。（中略）此の嶋の白水郎は、容貌《かたち》、隼人に似て、恆《つね》に騎射《うまゆみ》を好み、其の言語は俗人《くにひと》に異なり。

値嘉島（長崎県五島列島）の白水郎は多くの牛馬を所有（飼育）し、その容貌は南九州の隼人に似ており、つねに騎射を好み言語も俗人とちがっていたという。

五島列島の海人（白水郎）が漁業だけでなく牧畜や騎馬による狩猟までも行なっていたと伝えられることは、海人の生活や文化を考察するうえでも注目される。また、『風土記』の記事だけでなく、五島列島では実際に野生の鹿を海に追い込んで射留める狩猟も行なわれていたといわれ[50]、現在も列島北端の野崎島（長崎県小値賀町）には多数の鹿が棲息している。

『万葉集』巻七の「江林にやどる宍《しし》やも求むるによき白栲《しろたへ》の袖纏《ま》き上げて宍待つわが背」（一二九二）、同巻十六の「所射《いゆ》鹿をつなぐ川辺の和草《にこぐさ》の身の若かへにさ寝し児らはも」（三八七四）は、江林や川辺といった水辺に鹿があつまり、鹿猟がそうした場所で行なわれることの多かったことを[51]知悉した上での作歌とみられる。『日本書紀』斉明天皇四年五月条にも、「射《い》ゆ之々《しし》を認《つな》ぐ川上《かはへ》の若草の若くありきと吾《あ》が思《も》はなくに」と類歌が記されているが、『播磨国風土記』讃容郡筌戸《うへと》条に、筌（竹製筒状の漁獲具。もんどり）を川に仕掛けておいたところ、魚が入らずに鹿がとれたので、鱠《なます》に作って食したとあるのも、鹿が川を泳ぎわたることや川辺の鹿猟を示唆している。

『万葉集註釈』巻第一所引、『尾張国風土記』逸文は、海人の鹿崇拝を伝えている。

　葉栗《はぐり》の郡。川嶋の社。奈良の宮に御宇《あめのしたしろ》しめす（聖武）天皇のみ時《よ》、凡海部《おほしあまべ》の忍人《おしひと》、「此の神、白き鹿と化為《な》りて、時々出現《あらは》れます」と申ししかば、詔《みことのり》ありて、斎《いつ》き奉《まつ》りて、天社《あまつやしろ》と為しき。

聖武朝に葉栗郡川嶋村（岐阜県羽島市）の川嶋社（延喜式内の川嶋神社）の神が白鹿と化して出現したと凡海部忍人が申し出たので、同社を天社にしたという。

ここで白鹿というのは、川嶋社の神の変化《へんげ》した鹿を神聖視しての表現であろうが、聖武朝云々については定かではない。川嶋村から木曾川を下ると海部郡海部郷（名古屋市西部から津島市）に至るが、凡海部忍人はここを本拠とした海人の一族であろう。川嶋社は凡海部忍人らの奉斎した神社と思われるが、木曾川の河中の島に鎮座する川嶋社の神が白鹿と化してあらわれたというのであるから、ここにも海人と水辺の鹿の関係がみられよう。[52]

「漢委奴国王」の金印出土地として有名な福岡県志賀島はまた、志賀海人《あま》の本拠地としても古来著名であるが、この志賀海人の奉斎したのが延喜式内名神大社、志賀海神社であり、同社には「鹿角倉」があって多数の鹿角が収納されている。同社に願をかけて成就した者が、一双の鹿角を板に結いつけて海に流す（海神への奉献を意味する）と近くの海岸に漂着する。それを収納したのが鹿角倉である。[53] 海神へ鹿角を報賽の品として奉献していたのであり、鹿角を特に重視した宗教的習俗として留意されるが、古くは鹿そのものを海神祭祀の犠牲としていたおもかげも偲ばれよう。また、海人の鹿猟の可能性を示すものとしても興味深いが、この習俗がいつまで遡りうるかについては明らかではない。

ただし、志賀島と九州島を結ぶ砂洲である「海の中道」から発見された、奈良時代後半から平安時代前期の漁民集落跡とみられる海の中道遺跡(54)から、魚介類・漁具・製塩土器などのほかに鹿や猪の骨が出土していることは、志賀島の海人が奈良時代には狩猟も行なっていたことを示しており、それがけっして新しいものではないことがわかる。

　このように、海や川などをよく泳ぎ渡る鹿の習性を利用した追い込み猟や、動きのにぶった渡海中を狙っての鹿猟も、古代からの海人の生活文化の一端をなすものであったと考えられる。

五　鹿児弓・鹿児矢

　狩猟との関係からここで古代の主要な狩猟具である弓矢についてみると、古代日本の弓矢は『三国志』魏書東夷伝倭人条(55)に、「兵には矛・楯・木弓を用う。木弓は下を短く上を長くする」とあり、また銅鐸に描かれた絵画にその典型を見るように、握りの位置を弓幹よりやや下にした長い丸木弓であった(56)。

　そのころの中国には騎兵用の短い角弓と歩兵用の長い木弓があったが、長弓は長い矢を必要とするところから発生し、長い矢は空中では不利だが水中を貫通するには有利である。つまり、中国では古く水中の魚を弓で射る射魚の風があって長弓はそれより発生したものであるが、日本でも薩南や奄美の島々ではつい最近までこれが行なわれており、古代日本の弓も射魚との関係が深いとみら

れている。(57)

要するに、古代日本の長い丸木弓は海人の用いたものを起源とする可能性が高いわけであるが、ここで想起されるのが『日本書紀』神代下第九段一書第一に、天稚彦《あめわかひこ》が天降る際に天照大神から授かったという「天鹿児《かこ》弓・天真鹿児《まかこ》矢」(58)である。天神の象徴であるこの天鹿児弓・天真鹿児矢について、天の狩人の弓矢とする説(59)もあるが、鹿を射る長大な弓矢(60)とするのが妥当であろう。さらに、先述したように「カコ」が鹿と水手(海人)の両者を同時に連想させる語であったことを考えるならば、それは鹿を射る弓矢であるとともに水手らの用いた水手《かこ》弓・水手《かこ》矢でもあったといえよう。つまり、カコ弓・カコ矢とは、舟上より魚や海獣、鹿などを射留めるのに水手(海人)らの用いた弓矢ではなかったかと考えられる。

これまで海を渡る鹿を中心に縷々《るる》述べてきたが、鹿の渡海伝承が狩猟との関連において伝えられるものの多いことは、それを伝承した人々の生活文化との関係をも示唆する。そこから、この鹿の習性を利用した海人の鹿猟の存在を推察したが、朝鮮半島から対馬へ、北海道から下北半島へ海を泳ぎ渡る鹿を見た者もあり、(61)こうした渡海中の鹿は恰好《かっこう》の獲物であった。弥生時代以降の日本は稲作農耕を強く志向する社会であったが、必ずしもそれのみで完結していたわけではなく、狩猟や漁撈もそれに主座を譲りながらもそれぞれ重要な役割をになっていたことは、改めて説くまでもない。しかも、海人が鹿猟を行なっていたことから明らかなように、農耕・狩猟・漁撈のおのおのが截然《せつぜん》と分立して営まれていたのではなかった。また、狩猟がすべて山での狩猟だったのではなく、[62]平地や川辺、海浜なども獲物の多く集まる恰好の猟場であって、山民は狩猟、海人は漁撈専業と固定的に捉えることが、必ずしも古代社会の実態に即していないことは、これまでの叙述で明らかであろう。これは、単に生業（経済）の問題だけにとどまらず、鹿装束について触れたように、古代の祭祀や儀礼について考察するうえでも留意しなければならない点である。

第二章　描かれた鹿

埼玉県の稲荷山古墳出土の鉄剣銘や熊本県の江田船山古墳出土の太刀銘、あるいは和歌山県隅田八幡宮蔵の人物画像鏡銘などの存在から、五世紀後半から六世紀初め頃には、日本列島内でも文字を用いて記すことが可能となっていたことが知られる。ただし、それはまだ初歩的、部分的な営みにすぎず、文字を縦横に駆使して彼らの内面をも自在に表現できるというほどのものではなかった。しかしこれは、文字使用以前の古代日本の人々が感情や信仰、宗教観などの精神生活について表現する術を、まったく持ちあわせていなかったことを意味するわけではない。

現代においても文字のほかに神仏の像にその典型をみるが、われわれが絵画や彫刻、音楽などを用いて感情や信仰、思想などを表現しているように、文字以前の人々も絵画や造形によってその内面を表現していたことは、旧石器時代の洞窟壁画や縄文時代の土偶などを持ち出すまでもなく明らかなことである。ただ、文字以前と以降の異なる点は、文字以前の人々にとっては絵画や造形でその内面を表現することが、それ以降とは比較にならないほど精神生活のうえで重く大きな位置を占めていたということである。

要するに、彼らが絵画や造形でその内面を表現することは、本質的には神話を語り祭儀を実修することと同質の行為であり、ときにはそれと一対あるいは一体の営為でもあった。古代日本の絵画や造形も基本的にはこうした視点から理解すべきであると考えるが、以下、古代日本の鹿の絵や造形をとおして祭儀や信仰について考察をすすめ、精神生活の一端を窺うことにしよう。

一　弥生土器の鹿

縄文土器の特色のひとつに豊富な文様、過多ともいえる複雑な装飾があるが、そのなかで鹿の装飾をほどこしたものはわずかであり、管見によれば北海道の臼尻B遺跡出土の鹿の描かれた土器[1]と埼玉県の後谷遺跡出土の鹿頭状土器[2]などにすぎず、縄文時代に鹿を特別視する観念があったことを窺うことはできない。

それとは対照的に、弥生土器は文様や装飾の施されることが少なく実用的で簡素な器形であることを特徴とするが、意外にも絵画（主に線刻）の描かれたものが多い。時期は弥生時代中期に盛行し後期に及ぶが、弥生時代の社会や精神生活について考察する際の貴重な資料[3]として注目され、近年、まとまった資料紹介や集約も行なわれている[4]。

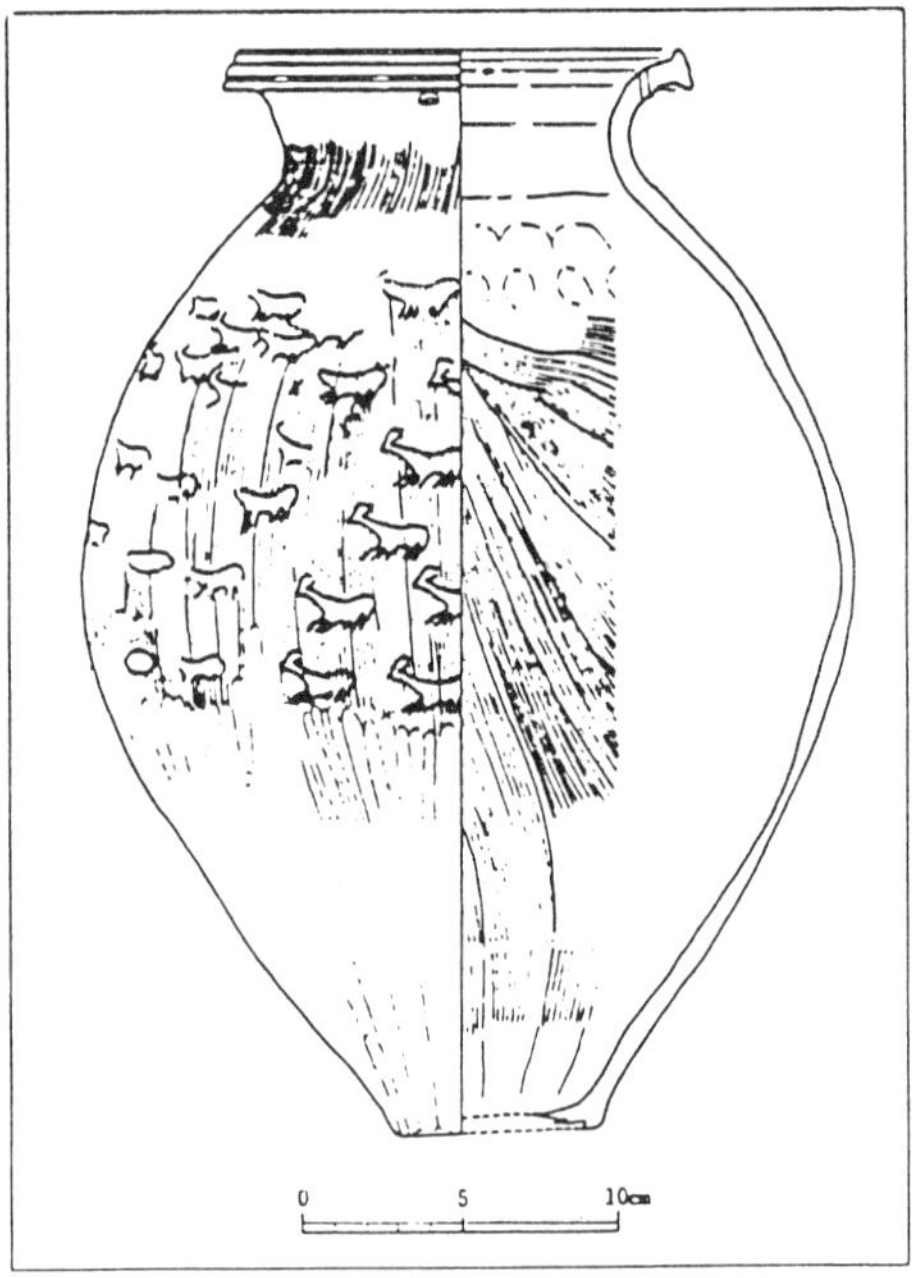

図３　群行する鹿を描いた壺形土器
（大阪府・巨摩遺跡出土）

描かれた画題には鹿が最も多く、人物・家屋（とくに高床建物）・舟・魚などのほかに記号らしきものもあるが、珍しい例では龍とみられるものもある。橋本裕行氏(5)の統計によれば、弥生時代の絵画土器一六〇余例中の六三、約四〇%に鹿が描かれているという。なお、春成秀爾氏(6)によると、銅鐸絵画でも鹿の絵が最も多く銅鐸数二六、頭数一三八をかぞえ、弥生土器と同じ傾向が窺われるのは留意されるところである。また、古墳時代の埴輪や須恵器にも鹿の絵や造形が見られるが、鹿と猪がともに代表的狩猟獣であったにもかかわらず、弥生時代以降の絵画や造形では鹿が圧倒的に多い。おそらく、それは単に鹿が豊かな食膳の象徴だった(7)からではなく、古代人によって特別視され、精神生活のうえで重い位置を占めていたことを示していると考えられる。たとえば、大阪府巨摩遺跡出土の壺形の弥生土器には、全面に鹿のスタンプ文があって群行する鹿が表わされているが、これも単なる装飾ではなかろう。問題は、古代の人々が執拗に鹿を描き、造形した目的、意図である。

つまり、弥生土器に描かれた絵画が、当時の人々の日常生活の様子や身のまわりの自然の光景などを表わした単なる風景画にすぎないのか、それとも一定の目的のもとに描かれたものであり何らかの特定の意味を表わしているのか、もし後者とすればその目的は何であり、表わしているものは何かということである。要するに、土器に鹿を描くことに、あるいは描かれた鹿に、どのような意味があったのかということである。これは、その土器の用途にも関わるとともに、同じく鹿の多く描かれている銅鐸絵画の解釈やその用途にも関連する重要な問題といえる。

古代社会において絵画や造形、装飾などが精神生活のうえにもっていた重い意味を考えるならば、弥生土器に描かれた絵画も単なる風景描写とみることはできず、それは空想の怪獣である龍が描かれていることからも理解される。たとえば、広島県矢原遺跡出土の供献用台付鉢形土器の脚台裾部には水か太陽を表わしているとみられる渦巻状文とともに鹿が描かれ、その反対側には龍らしきものが描かれている。岡山県津島遺跡出土の同様な供献用装飾高坏の脚部にも二頭の鹿が描かれている。儀礼の場で供献された土器にそれらが描かれていることからみて、それを用いた儀礼の内容に関わる何らかの重要な意味が鹿に付与されているのではないかと推察される。また、大阪府瓜生堂《うりゅうどう》遺跡出土の甕《かめ》形土器には背中に矢を負う鹿が描かれており、土器に描かれた鹿のなかには狩猟の光景、または狩猟獣としての表現もあったとみられるが、それが何のための狩猟であり狩猟獣であったかについても考えなければならない。

これらの問題についてはすでに具体的に、

・鹿の豊猟を期待した表現。(8)

・供献用の犠牲動物としての鹿をあらわしたもの。(9)

・農耕儀礼に不可欠な稲の生育を司る神として表現したもの。(10)

・農耕祭祀と結びついた神聖さを付与された鹿を表わし、その土器は農耕祭儀の場で稲籾を入れて神に捧げる祭器として使用された。(11)

等々の示唆的な見解が示されている。ところで、弥生土器や銅鐸のほかにも、少数ではあるが鹿の描かれた弥生時代の遺物が存在する。愛媛県道後や同朝倉町から出土した平形銅剣、大阪府鬼虎川遺跡出土の剣形木製品などにも鹿が描かれている。これらは銅鐸もふくめ、いずれも非実用の祭器であり、鹿の描かれた弥生土器の用途についても同様に考えるべきである。弥生土器に描かれた鹿も非日常の特別な意味を付与された存在であり、その土器は祭儀の場で使用されたとする理解は妥当なものと考えられる。ただ、考察をすすめるに際して、その理解が弥生時代の信仰や祭儀と乖離《かいり》したものでないこと、鹿だけでなく他の画題の解釈においても、相互に、かつ全体として矛盾のないものであること、などの点に留意する必要がある。

弥生時代の信仰や祭儀については、墓地や祭祀遺跡、銅鐸をはじめとする各種青銅器、卜骨などの祭祀遺物、さらには『三国志』魏書東夷伝倭人条に伝えられる鬼道に事《つか》えた女王卑弥呼や渡海の際の持衰《じさい》等々から、種々に考察されている(12)。

いま、その一々について詳論する余裕はないが、大雑把に約言すれば、自然物または自然現象に対して特別な意味づけを行ない、聖なるものあるいはタブー（禁忌）として祭祀や儀礼を行なうネイチャワーシップ（自然崇拝）や、霊的存在を信じてそれを信仰するアニミズム（精霊崇拝）が混在・重層するとともに、祭祀や儀礼に際しては神や精霊との霊的交流によって託宣や卜占、祭儀などを行なうシャマン（巫覡）が大きな位置を占め、それに対する信仰も存在したと推考される。おそらく、弥生土器に描かれた絵画は呪術性の強い信仰や祭儀に関わる表現、弥生時代の人々の宗教的心意の表現であり、農耕関連の祭儀に使用されたものであるとの理解は正鵠《せいこく》を射ていると思われる。

要するに、原始的な思考段階にあった人々にとって、絵を描き象《かたち》を造るということは宗教的な営為でもあり、そこに表わされた鹿は日常身近に見る鹿ではなく、精神生活の表現そのものであったと考えられる。おそらく、人々はその鹿に、あるいはそれを描いた器物に不可見で神秘的な霊力が秘められていることを観じ、それを用いた呪的効果の大なることを信じていたのであろう。その絵画や造形は写実的な表現であっても、けっして単純な具象ではなく、彼らの内面を刻んだ記号、宗

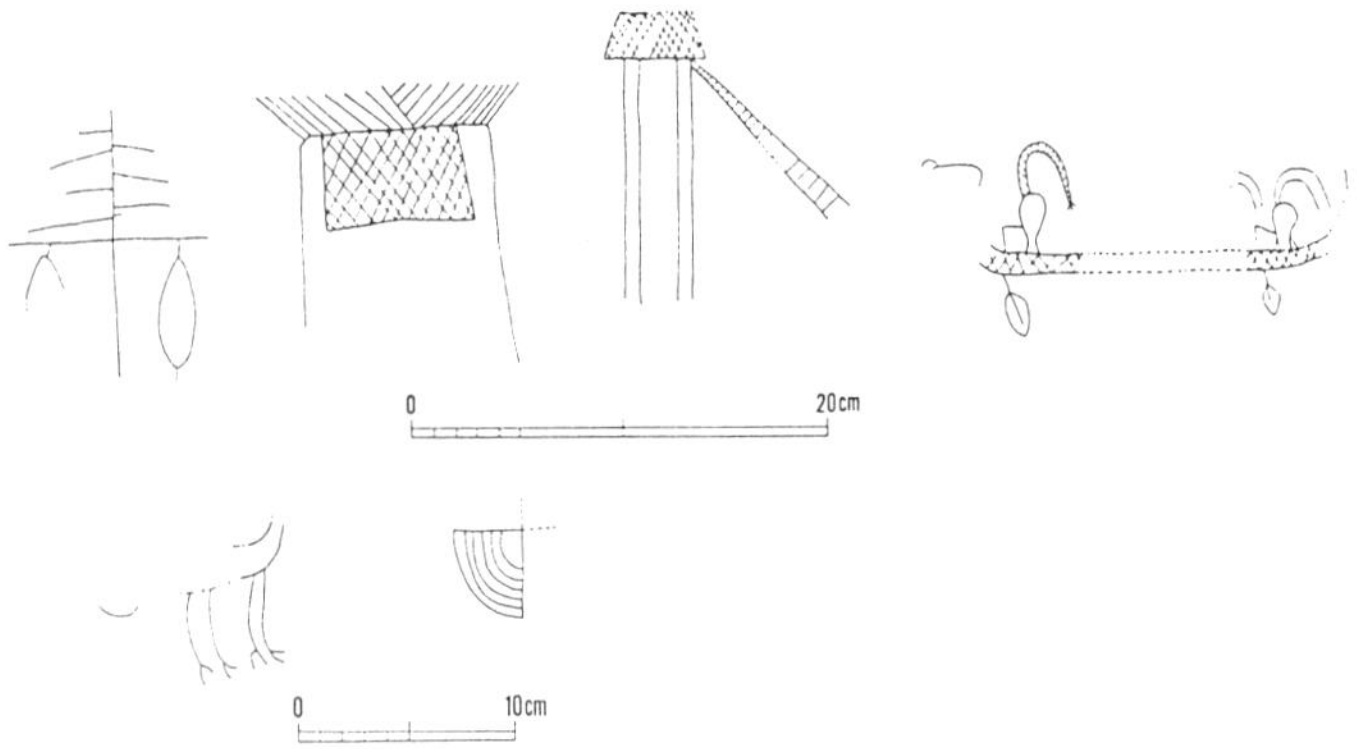

図4　壺形土器に描かれた弥生時代の祭儀の情景（鳥取県・稲吉遺跡出土）

教的思惟の象徴であり、世界観の表明でもあった。

銅鐸に描かれた絵画も、基本的な性格は土器絵画と同様に解することができると思われるが、それはともかく、最近、次の二つの遺跡から出土した絵画土器は、絵画の表現するところを具体的に読みとるうえでも注目すべきものである。

その一つは、鳥取県淀江町の稲吉(角田《すみだ》)遺跡から出土した、頸部《けいぶ》に絵巻物風の絵画が線刻された弥生時代中期の大型の壺形土器である(13)。

この土器には次のようなものが描かれている。まず、頭部に鳥の羽根状のものを冠した三人以上の人物の乗るゴンドラ形の舟一隻。その左に二棟の高床建物がみえるが、特に右側の一棟は異常に長い四本柱と長大な梯子《はしご》のついた特異な建物である。その左には枝をつけた樹木が描かれ、そのいちばん下の左右の枝には大型の紡錘形の物体が一対垂下されている。さらに、直接これに接合しない破片には、鹿と六重の同心円文を描いたものがある。

この土器絵画について金関恕氏は[14]、全体としては『三国志』魏書東夷伝馬韓条に記された「蘇《そ》塗《と》」的祭場、儀礼の光景を描いたもので、具体的には鳥装の人物は祭儀を担当する司祭者、鳥装人の乗る舟は海の彼方の祖霊の国から穀霊を運ぶ姿、高床建物は神殿、樹木にかけられた紡錘形の物体は銅鐸で地霊の依《よ》り代《しろ》、鹿はこのような農耕祭祀に使用される犠牲を表現したものと解している。また春成秀爾氏[15]によれば、祭場とそこで行なわれる祭祀の情景を描いたもので、舟に乗った鳥装の人物が穀霊の象徴である鳥を迎えに行く神話と儀礼を表わしているという。穀霊が舟に乗って寄り来る場面を描いたものか、穀霊を迎えに行く光景なのかは定かでないが、弥生時代の穀霊祭儀の情景を描いたものであることはまちがいない。

また、鳥装シャマンを中心とする穀霊祭儀の場に描かれた二個の紡錘形の物体が銅鐸であるとすれば、土器や銅鐸に描かれた絵画が背景とする思想や信仰や祭儀がそれら器物の使用をもふくめて共通するものであったと言えようが、これについては異論[16]もある。なお、同心円文は水か太陽を表わしているとみられるが、なぜ鹿が穀霊祭儀に犠牲として用いられたのか、描かれた鹿が犠牲獣以外のものを表わしている可能性はないのかなど、さらに考察しなければならない点もある。

次に、奈良県天理市の清水風《しみずかぜ》遺跡（弥生時代中期）から出土した多数の絵画土器[17]も、興味深い内容である。まず、水差形土器の肩部に二頭の鹿が描かれている（第一章の図1）が、右の鹿に多数

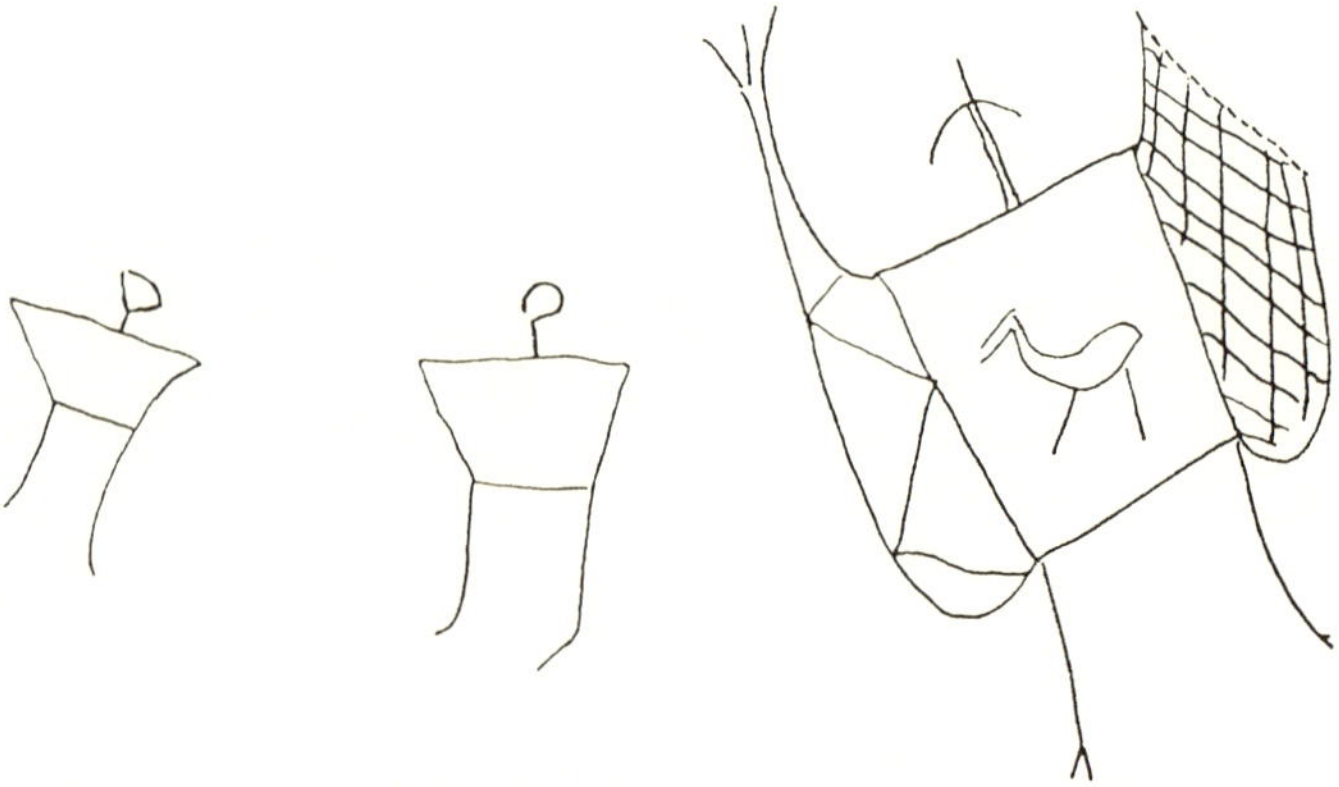

図5　シャマンをふくむ三人の人物（奈良県・清水風遺跡出土の土器絵画）

の矢が放たれていることからみて狩猟の光景であろう。ただし、これが日常の狩猟を描いたものでないことは、その横に一棟の高床建物を描き、狩猟（鹿）がこの高床建物と関係したものであることを示していることから理解される。

また、破片に描かれたものの一つには、三人の人物画がある。三人というのも珍しいが、特に右側の人物は他の二人よりいちだんと大きく描かれており、羽根状の長袖の両手を挙げ、腹部には水鳥または鹿が描かれた特異な姿である。このほか、多数の櫂《かい》をもつ大型の舟、二頭の鹿、家屋、水鳥、魚などの絵画土器片が出土している。これらの絵画も稲吉遺跡出土例と同様に農耕祭儀関連の表現とみれば、両手を挙げて大きく描かれた人物はシャマンであろう[18]。そして、その腹部に水鳥または鹿が描かれているのは、彼（彼女）がそれに親縁な存在であったことを示すものである。彼

（彼女）が水鳥または鹿の衣裳を着けていたか、あるいはその精霊を体現した存在であることを表現していると考えられる。なお、清水風遺跡からはこれらの絵画土器とともに三点の銅鐸形土製品（うち一点は明瞭に袈裟襷文《けさだすきもん》銅鐸を模したもの）が出土していることは、ここでも絵画土器を用いた祭儀と銅鐸が無縁でなかったことを示すものとして留意される。

このように、絵画をもつ弥生土器は基本的には稲作農耕関連の祭儀に使用されたものであり、その絵画は、祭儀の情景ないしはそれと関わる霊的存在を表わす、いわば弥生時代の宗教画であったと考えられる。具体的には、鳥装の表現が多い人物は祭儀の中心となるシャマン、舟は寄り来る穀霊の乗り物、鳥は穀霊運搬者（乗り物）ないしは穀霊の化現《けげん》、高床建物は寄り来った穀霊が留り宿る祠、龍や魚は水（水神）を、おのおの象徴的に表現したものと推察される。とすれば、最も多く描かれる鹿も単に穀霊祭儀に関わる犠牲獣を意味するだけでなく、それをもふくむ何らかの霊的存在をも表わしているのではないかと推考されるが、これについて示唆的なのは銅鐸に描かれた鹿である。(19)

二　銅鐸の鹿

弥生時代にのみ製作・使用された大型青銅器である銅鐸にも多くの絵画が描かれているが、そのことは銅鐸の用途とともに早くから注目されてきたところでもある。[20] 銅鐸に比較的多い画題は、鹿・人物・水鳥・高床建物・舟のほかに魚・カメ（またはスッポン）・イヌ・イノシシ・トカゲ（またはイモリ、あるいはサンショウウオ）・カニ・カエル・トンボ・カマキリ・アメンボ等々であるが、そのなかでも鹿は群をぬいて多く、人物や水鳥、高床建物などがこれに次いでいる。弥生土器に描かれた画題と共通するものが少なくないことは留意されるが、ただし銅鐸絵画のほうが画題が豊富であること、土器絵画には昆虫類が描かれていないこと、銅鐸には龍が描かれていないことなどの相違点もある。

ところで、銅鐸に描かれた画題のなかで鹿が最多であるということは、鹿が銅鐸の用途とも関係の深い獣であったことを示唆している。この銅鐸絵画のもつ意味、その描かれた目的などについては従来からさまざまな解釈が試みられ、近年その集約[21]もなされている。なかでも代表的なのが、伝香川県出土の袈裟襷文銅鐸に描かれた絵画に対する小林行雄氏[22]の物語風の解釈である。

生きとし生けるもの、すべて己の生きんがためには、弱者の生を奪うこともさけがたく、われら人もまた、鹿を狩り猪を追う生活に永い月日を送ってきたが、いま農耕の業を教えられてより、年々の実りは豊かに倉に満ち、明日の食を憂うることもなきにいたった。いざ、わが祖神の恩沢を讃えようではないか。

一見、整合的な解釈であり、銅鐸が二十世紀の器物ならば現代的合理観にもとづいて理解することも可能であるが、弥生時代の人々が採取経済社会から農耕社会への経済生活の時代的変遷という世界観をもっていたとは考えがたい。

銅鐸絵画に対する理解は弥生土器の場合と同様に、弥生時代の宗教的観念や信仰、儀礼などにもとづいたもので、しかも銅鐸の用途にも矛盾しないものでなければならない。本来は楽器である銅鐸が、音を聴くあるいは形を見るのいずれであれ、弥生時代の農耕関連の祭儀に呪術的な祭器として用いられたものであることについては諸説一致するところであり、祭器という性格と用途から、そこに描かれている絵画も祭儀関連の表現と理解すべきであろう(23)。要するに、銅鐸に描かれた絵画は、銅鐸を用いて行なう祭儀の背景に存在する弥生時代の人々の宗教的心意を、さらには祭儀そのものを象徴するものであったと考えられる。

したがって、伝香川県出土の袈裟襷文銅鐸や神戸市桜ヶ丘出土の流水文銅鐸(一・四号)等に描かれた鹿

図6　伝香川県出土銅鐸の絵画(右上よりトンボ・鹿猟・高床式建物．左上よりイモリ・杵を持つ人物・臼を搗く人物)

猟の絵についても、単なる害獣駆除の表現[24]、あるいは秋の鹿猟を楽しむ風物詩[25]などと解することはできない。ましてや、稲作農耕伝来以前の狩猟生活を表現したものであるとはとうてい考えられない。なぜなら、銅鐸を使用した弥生時代の人々が、農耕伝来以前の社会や生活を顧みて現在の農耕生活を感謝する歴史意識や世界観をもっていたか否か、はなはだ疑問だからである。それは確かに狩猟画であるが、そこに描かれた狩猟がどのような狩猟であるのか、何を表わしているのか、さらに考えなければならない。以下、具体的に画題別に見てみよう。

建物、特に梯子をもつ高床建物は、日常の起居に使用するものではない。機能的には本来は穀倉であるが、すでに指摘[26]されているとおり、銅鐸に描かれた高床建物は穀霊の宿る聖屋、神殿の原形態を表現したものとみられる。ほぼ同時期に共に祭儀の場で使用された土器と銅鐸に描かれた同一の画題は、基本的には同一のものを表わしていると考えるべきである。したがって、高床建物と同じく共通する画題である水鳥は穀霊の運搬者ないしはその化現[27]、流水文銅鐸に多くみられるゴンドラ型の舟は穀霊の乗り物を表現していると考えられる。高床建物・水鳥・舟などはいずれも穀霊祭儀の情景の一端、ないしはそこでの霊的存在を描いたものとみられ、銅鐸の用途についても示唆するところがあろう。

動作、作業のともなう人物画が多いのも銅鐸絵画の特色であるが、伝香川県出土鐸や神戸市の桜ヶ丘五号鐸にみられる臼を搗《つ》く人物画も、単なる農作業の風景を描いたものではなかろう。日常の農作業を描くのであれば耕起や収穫の絵があってもよさそうなものだが、臼を搗く絵ばかりである。ということは、この絵においては人物よりも臼、あるいは臼を搗くという行為に重点と主題があったことになる。臼は本来、生活の器具であるが、その効用が儀礼を生み、生産・結婚・出産・病気・葬礼などの際に豊穣や再生・成長を促す呪具として、また祭場に神を迎える祭器としても使用されたのである。(28)

景行天皇が大碓《おおうす》・小碓《おうす》（ヤマトタケル）誕生の際に碓に誥《たけ》びをしたり、(29)吉野の国主《くず》がわざわざ横臼を新調して大御酒を醸し応神天皇に献上したと伝えられるのも、(30)臼が聖性をもつ呪具であるとの信仰にもとづくものである。また、これは同じころの中国の例であるが、後漢時代の画像にも臼を搗く光景を表現したものが多い。しかし、それは日常の農作業の風景ではなく、月や女神である西王母と一対に描かれた仙界で不老長生の仙薬を搗く兎の姿という、神話的情景であることも参考となろう。(31)

要するに、臼は再生・復活・成長を促し豊穣をもたらす呪具、その象徴と信じられ、臼を搗くことは再生や豊穣をもたらす呪的行為（呪術）でもあった。日常に空《から》の臼を搗いてはならないという民間の禁忌は、それが祭儀のときの呪的行為であったことに起因するものであろう。銅鐸の臼を搗く人物画もけっして日常の農作業の風景描写や農耕生活の讃歌などではなく、穀霊の復活、生産の豊穣を促す呪的儀礼の光景であり、それを祈念した表現であると考えられる。

次に、工字状器具を持つ人物画については、従来この器具は糸をまきとる桛《かせ》であり紡織の情景を表現したものとみられてきたが、最近、佐原真氏[32]は、人物の下に魚が描かれるものもあることから、それは一種の漁具であり、魚を取り（釣り）あげた一瞬を表現していると解している。しかし、工字状器具を持つ人物の下に魚が描かれていないものがあることからみて、この場面に魚が必要不可欠のものであったわけではなかろう。工字状漁具も寡聞《かぶん》にして知らないが、これを魚釣りとすれば他の画題との関係が分明ではない。やはり、これまでの解釈どおり工字状器具は桛[33]であり、これは紡織関係の風景を描いているとみなしてよいと考えられるが、ただしそれは日常の紡織風景ではない。

桛《かせ》や椯《たたり》などの紡織具は海辺の祭祀遺跡からも出土することが多い祭祀遺物[34]であり、延喜神祇式[35]には伊勢神宮の神宝二一種のなかに金銅賀世比《かせひ》や銀銅賀世比がみえる。また、『古語拾遺』[36]には麻柄でつくった桛で蝗《いなご》を払ったと伝えられるように、桛や椯などの紡織具は呪術的な祭器や幣帛《へいはく》としても使用されたのである。[37]

古代中国でも、巫女が小さい糸車を持って舞う習俗が存在した[38]ことや、七夕神話における西王母や織女と機織《はたお》りの結合などから、機織りと祭儀との深い関係が推察される。このような儀礼的機織りは単に神を迎え祭るだけでなく、宇宙や世界の秩序を新しく織りなすという、宇宙論的な機能を備えた重要で神聖な行為でもあった。[39]

古代日本の儀礼的機織りも、「其の秀起《さきた》つる浪穂の上に、八尋殿《やひろどの》を起てて、手玉も玲瓏《もゆら》に、織経《はたお》る少女《をとめ》」(40)とある木花開耶姫《このはなのさくやひめ》の姿にその典型を見るように、祭場での織女《おりめ》の機織りも神を迎える儀礼であった。神を迎え、その妻ともなる織女は水辺で機を織る巫女の姿で表現されることが多い(41)。こうした伝承には実際の祭儀が反映しているのであろうが、銅鐸に描かれた工字状器具を持つ人物画も日常の機織り風景の描写ではなく、神衣《かんみそ》を織りながら神を迎える聖なる織女、あるいは織女が機織りをしながら神を迎えるという行為そのものを、象徴的、神話的に表現したものと考えられる。神戸市桜ヶ丘出土五号鐸には、工字状器具を持つ人物の真下に三尾の魚が描かれているが、それは寄り来る神を迎える織女の機織りの場が、水辺であることを示すものであろう。

また、ヘビ・カメ・トカゲ・カエル・カニ・トンボ・アメンボなどの爬虫類や両生類、昆虫が描かれているのも銅鐸絵画の特色であるが、これらも単に身近な風景や弱肉強食の世界秩序(42)、あるいは農耕讃歌の「文法」(43)を描いているとみなすことはできない。それはごく一部の袈裟襷文銅鐸に描かれた絵画から導かれた現代的解釈であって、他の銅鐸絵画にも適用可能な古代的「文法」ではない。やはり、これらの生物は松本信広氏(44)や直木孝次郎氏(45)が指摘するように、基本的には精霊崇拝にもとづく霊的存在として描かれているものと解すべきである。これらはすべて水辺の生物である点で共通しており(46)、ヘビ・カメ・カエルなどが水や海の象徴、あるいは水神や海神の使い、ときにはその神の化現ともみられたことは、改めて述べるまでもない。

さらに、これら水辺の生物は水の象徴であっただけでなく、古代人の思惟によれば、冬眠をしたり脱皮・脱殻をくり返して成長するヘビ・カメ・カエル・トカゲ・カニ、成虫になるまで生態を変化させる昆虫などは、再生や復活、生命の永遠性をもたらす霊力を内に秘めた霊的生物と観念され、再生や永遠性の象徴とされた。ゆえに、これらの生物は誕生・出産の儀礼や豊穣を祈念する農耕祭儀とも結びつき、その呪物ともなったのである。祭儀の場で実際にこれらを使用して儀礼が行なわれたのか否かは定かではない（私は使用された可能性が少なくないと考えている）が、銅鐸に描かれた水辺の生物には、穀霊の再生・復活を確かなものとしてその成長を促し豊穣をもたらす、より実際的にはそのために不可欠な潤沢な水を保証する、呪的効果が期待されたものと考えられる。なお、銅鐸によっては、同一のことがらを表わす複数の生物を描くものもあるが、これは、同一象徴であっても幾重にも繰り返し描くことによってその効果のより確実で大なることを期待した、古代人の心性の特徴によるものであろう。

このように、銅鐸絵画は基本的には穀霊祭儀に関わる表現であり、主な画題についてまとめれば、次のようになる。

・高床建物――寄り来る穀霊が一定期間とどまり宿る祠。
・ゴンドラ型舟――穀霊の乗り物、ないしは穀霊が寄り来ることの象徴。
・水鳥――穀霊の運搬者、ないしは穀霊の化現の象徴。

・臼を搗く人物——豊穣をもたらす呪的行為の表現。
・工字状器具を持つ人物——水辺で機織りをしながら穀霊を迎える織女ないしは寄り来る穀霊を迎えるという行為そのものの象徴。
・水辺の生物——穀霊の再生・復活を確かなものとし成長を促進させる霊的存在、ないしは実際にそれを保証する潤沢な水の象徴。

要するに、銅鐸に描かれた多様な絵画は、いずれも穀霊祭儀の情景、あるいはそれに関わる霊的存在や呪的行為を神話的、象徴的に表現したものと考えられる。

したがって、銅鐸に描かれた鹿も、狩猟画をふくめて右の原則のなかで理解しなければならない。これについて、かつて春成秀爾氏は、銅鐸に描かれた鹿は地霊の象徴であり、人間界に奉仕するのがあるべき姿であるという地霊に対する願望を表現したものとみた[47]が、最近では見解を新たにし、鹿の角の再生と稲の成育の時期が一致するところから、それは稲の生長を誘導するものとして描かれたと述べている[48]。また橋本裕行氏[49]は、鹿は農耕儀礼に不可欠な動物であり、稲の生育を司る神として描かれていると解している。稲の生育の季節と鹿の生態サイクルが一致し[50]、日本の狩猟儀礼は農耕と複合して存在するのを特色とするという指摘[51]も参考になる。おそらく、銅鐸の鹿は穀霊祭儀にかかわる霊獣として描かれているものとみられるが、それを主張するためには、鹿も他の水辺の生物と同様に水と再生・生長という二義性をもつ霊的存在の象徴であったことを明らかにし

写真２　流水文の中を行く群鹿（神戸市・桜ヶ丘２号銅鐸）

なければならない。

その鹿茸《ろくじょう》の薬効の勝れていることをふくめ、抜け落ちては新しく生えかわる鹿角、さらにはその角をもつ鹿そのものが再生・不老長生・永遠なる生命を象徴する霊獣として広く崇拝されたことについては、先にも触れたところである。

次に、鹿と水の関係を銅鐸絵画からみてみると、神戸市桜ヶ丘出土一号流水文銅鐸の中帯には、トカゲ・スッポン・カエル・カニなどのいる河沼か湿地を渡った三頭の鹿が狩人に挾みうちにされた光景が描かれているが、これは鹿が水辺の獣でもあったことを明瞭に示すものである。また、桜ヶ丘二号鐸や豊岡市気比一・四号鐸など流水文銅鐸には群鹿を描くものが多い。というよりは、流水文銅鐸の中横帯に描かれる一般的な画題が群鹿であり、流水文が水を表わすことは言うまでもない。その群鹿は静止せず疾走する姿である。鹿が行列をつくって疾走するのは河海や湖沼を泳ぎ渡るときかその前後であり[52]、銅鐸に

描かれた群鹿は水辺の鹿を表現していると考えられる。(53)

鹿が海や川をよく泳ぎ渡ることをはじめとして、鹿と水の結びつきについては前章でも述べたところであるが、『播磨国風土記』讃容郡々首条には、「玉津日女命（賛用都比売命）が生きた鹿を捕えて腹を割き、稲種を蒔いたところ一夜で苗に生育した」、つまり農耕（播種）祭儀に鹿の犠牲を用いたことによって稲苗のすばやい生育を得ることができたとあり、鹿のもつ勝れた生命と生長の霊力についての信仰および儀礼を伝えている。同賀毛《かも》郡雲潤《うるみ》里条には、「太水神《おほみづ》が宍《しし》の血で田をつくるので河の水は要らないと言った」とあり、祭儀の犠牲に宍（おそらく鹿）を用いれば農耕に必要な水は不足せず潤沢であるとの信仰を伝えており、鹿が潤沢な水をもたらす霊獣として崇拝されていたことが知られる。

また、『常陸国風土記』香島郡角折浜条の地名起源説話からは、大蛇の角と鹿の角が置換可能な存在であり、等しく水を象徴する呪物と観念されたことが窺知されるが、これも鹿と水の結びつきを示すものである。さらに、『日本書紀』仁徳天皇六十七年是歳条には、「吉備中国の川嶋河の派《かはまた》を占拠する大虬《みつち》（川の主。水神）が鹿に変化《へんげ》した」とあり、まさに鹿が水神の象徴でもあったことを伝えて貴重である。

このように、古代伝承のうえでも鹿は水と親縁な、場合によっては水を象徴する霊獣と観念されており、銅鐸に描かれた鹿のなかに穀霊祭儀にかかわる水を表わすものがあったとしても何ら不思議ではない。

ところで、鹿を水と親縁な霊獣とするのは古代日本だけではない。たとえば、旧『三国史』逸文[54]に記された高句麗建国神話によれば、天帝が地上に降臨させた解慕漱《かいぼそう》（天王郎）は河伯《かわかみ》と神異を競いあったが、河伯が鯉・鹿・雉《きじ》などに変じたのに対し、解慕漱は獺《かわうそ》・豹・鷹と化してこれを捕えたので天帝の子であることが明らかとなったとあり、河伯（水神）の変化《へんげ》した動物のひとつが鹿であったことを記している。同じく旧『三国史』逸文は、高句麗の始祖である朱蒙《しゅもう》は狩猟で獲た白鹿を使って雨を降らせ、沸流《ふつりゅう》国の松譲王を降伏させたと伝えているが、これは神獣（白鹿）を威嚇《いかく》して雨水を呼ぶ雨乞いの呪儀であり、朱蒙は水神の一形相とみられる白鹿を使う偉大なレイン・メーカーであったとみられている。[55]また、東南アジアにおいても、鹿は水神を表象する獣とみられており、雨乞いの犠牲に供されるという。[56]いずれも鹿と水の結びつきが古代日本の特殊な例でなかったことが知られる点で重要であり、古代日本の鹿崇拝を考察するうえでも参考になるが、両者の直接的な系譜関係の有無については分明ではない。

さて、銅鐸の狩猟画が日常の狩猟風景の描写でないことについては先にも触れたが、それがどのような狩猟を表現しているかは、これまでの考察からおのずと明らかであろう。要するに、それは農耕祭祀に必要な狩猟、穀霊祭儀に犠牲として用いる神聖な鹿を捕獲するための儀礼的な狩猟、ないしは穀霊祭儀に用いる犠牲鹿を捕獲するという行為そのものの表現であったと考えられる。儀礼

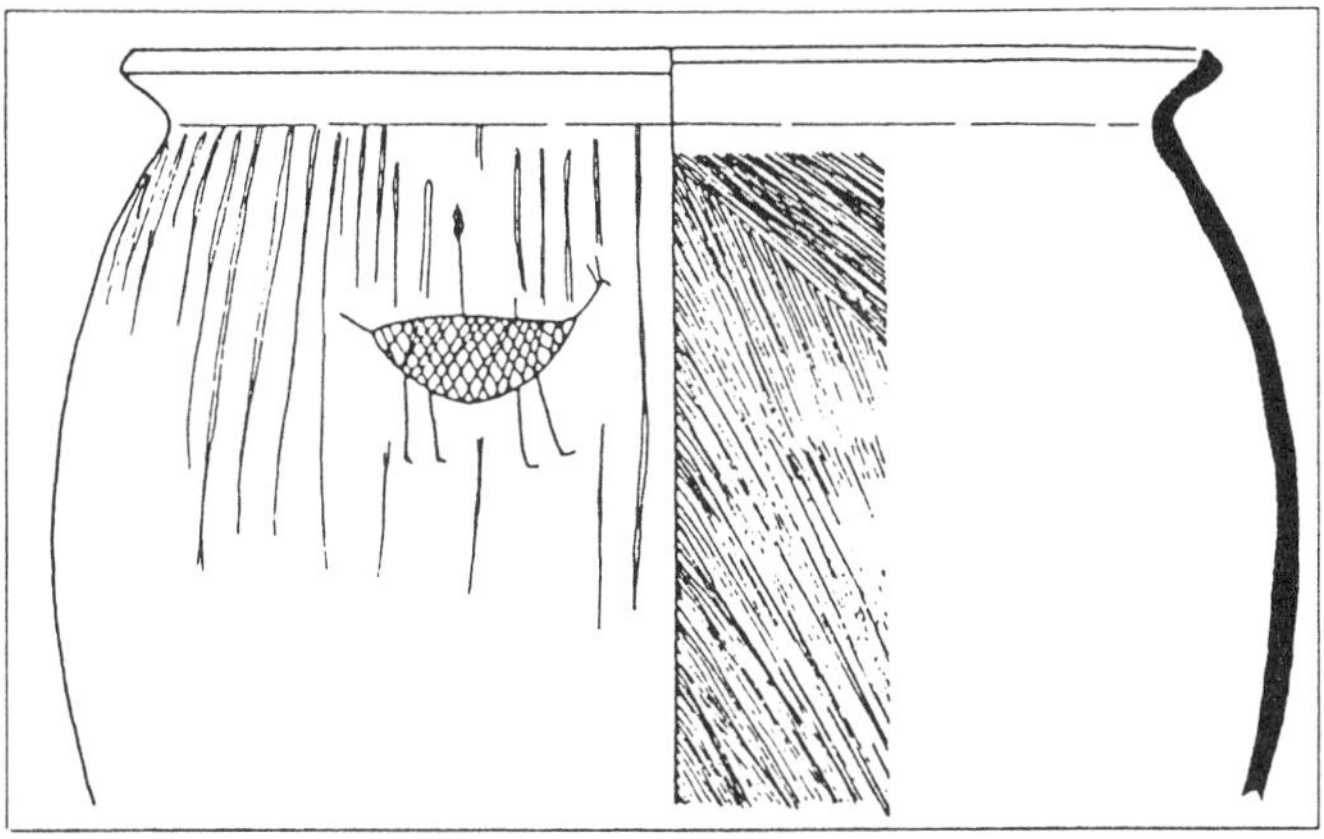

図７　白羽の矢が立つ鹿（大阪府・瓜生堂遺跡出土の甕形土器）

写真３　白羽の矢が立つ鹿（袈裟襷文銅鐸）

的狩猟において矢を射るという行為の背景には、その矢の当たりをもって神の意志とする観念と信仰が存在したのであり[57]、「白羽の矢が立つ」というのも本来は神によって選定、聖別、占有されたことを意味していた。儀礼的狩猟において放たれた矢は神の意志と観念され、描かれた矢は神の矢、神の意志の象徴であった。

たとえば、辰馬考古資料館蔵の袈裟襷文銅鐸に描かれた矢負いの鹿、大阪府瓜生堂遺跡出土の甕形土器に描かれた背中に矢を負う鹿などは、単なる狩猟の獲物として描かれた鹿ではなく、まさに神の矢によって聖別された鹿であった。このように神の意志によって聖別された神聖な鹿は、穀霊祭儀において穀霊を確実に再生させ、生長を促進する霊力を付与する霊獣であり、かつ豊穣を保証する潤沢な水の象徴とも観念されていた。さらに、その呪的効果の大きく確かなことを祈念して穀霊に供献される犠牲獣でもあった。

つまり、銅鐸に描かれた鹿は、ヘビ・カメ・カエル・カニ・昆虫などの水辺の生物と同様に、再生や永遠の生命とともに水をも象徴する霊的存在であり、この両義性をもつ霊獣として描かれているのである。その場合、再生や生長、犠牲獣としての観念が強く意識されたときは狩猟画や矢負いの鹿として表現され、より現実的に水の信仰が強く意識された場合には、流水文の間を疾走する群鹿のように水辺の鹿として描かれたものとみられるが、両者はまったく別個の観念の表現だったのではなく、表裏一体をなすものであった。おそらく、再生・永遠の生命を象徴する霊獣として崇拝する観念が、鹿と穀霊祭儀を結びつけた一番の要因であったと思われる。

このように、弥生土器や銅鐸に描かれた絵画は、当時の祭儀や信仰、神話を表現したものであり、また、弥生時代の人々の精神生活や世界観を表わすものであった。

三　古墳時代の鹿の造形と信仰

獣骨を灼《や》いて吉凶を占う呪術的な卜占法の骨卜が弥生時代の日本でも行なわれていたことは、『三国志』魏書東夷伝倭人条に、

その俗挙事行来に、云為《うんい》する所あれば、輒《すなわ》ち骨を灼《や》きて卜し、以て吉凶を占い、先ず卜する所を告ぐ。その辞は令亀の法の如く、火坼《かたく》を視て兆を占う。

と伝えられることから知られる。また、『古事記』天の石屋戸の段には、

天児屋命《あめのこやねのみこと》、布刀玉命《ふとだま》を召して、天の香山《かぐやま》の真男鹿《まをしか》の肩を内抜きに抜きて、天の香山の波波迦《ははか》を取りて、占合《うらな》ひ麻迦那波《まかなは》しめて（後略）

とあって、古代日本の骨卜には主に鹿の肩胛骨《けんこうこつ》を使用した鹿卜《ろくぼく》が一般であったことがわかるが、『日本書紀』や『万葉集』などにも「太占《ふとまに》」という語でそれが散見される。

古代国家の形成が進むなかで卜占集団として卜部《うらべ》が設定され、彼らは祭祀氏族である中臣連氏の

管掌の下で王権内の卜占に従事した。律令国家の成立後、卜部は神祇官に配され、必要な人員は津島（対馬）の上県と下県、伊岐（壱岐）、伊豆などから進上された。[58] 養老職員令ではその定員は二〇人、その内訳は伊豆五人、壱岐五人、対馬一〇人という規定であった。この令制下の朝廷の卜占法は海亀の甲を用いた亀《き》卜《ぼく》であり、必要な亀甲は年ごとに紀伊一七枚、阿波一九枚、土佐一四枚の計五〇枚を貢進する定めであったが、これを灼くために用いるハハカの木（桜の一種）は「大和国有封社」が進上することになっていた。[59] 鹿卜から亀卜に移行したのは中国の影響によるものとみられるが、一部の神社などでは引き続き後世まで鹿卜が行なわれた。[60]

なお、亀は海道をよく知った槁根《さおね》津《つ》日《ひ》子《こ》、[61] あるいは海神の女《むすめ》である豊玉姫の乗り物であり、[62] また、丹波国余社《よさ》郡管川《つつかわ》の人である瑞江浦嶋子《みづのえのうらのしまこ》が大亀の変化《へんげ》した女と共に仙界に到った[63]と伝えられることなどをあげるまでもなく、海（海神）および不老長生の象徴であり、鹿とともに銅鐸にも描かれた霊的生物であったことは興味深い。

それはともかく、考古学上の知見[64]からも、鹿卜から亀卜への変化が裏づけられる。弥生時代中期以降の遺跡からは鹿をはじめとする各種の卜骨が、古墳時代後期以降の遺跡からは亀の甲を用いた卜甲も出土しており、弥生時代半ば頃に骨卜法が伝わり、亀卜はやや遅れて古墳時代後期に伝来したとみられている。この出土卜骨で注目すべきことは、それに使用された動物の種類である。つまり、出土卜骨の約半数が鹿、特にその肩胛骨であり、他の動物の卜骨は鹿の肩胛骨が入手できないときに代用されたものと推定され、[65]卜骨は鹿の肩胛骨が第一と考えられていた。

日本の骨卜の源とみられる古代東アジア地域で骨卜に用いられた動物は、家畜では羊・牛・豚が、狩猟獣では鹿と猪が多く、必ずしも鹿を第一とするものではなかった。にもかかわらず、古代日本で骨卜に鹿が多用されたのは、牧畜が未発達であったことの影響や、日本に伝えられた骨卜法の系統上の問題もあろう。しかし、日本では鹿とならぶ代表的狩猟獣であった猪の卜骨の出土が少ないこともあり、そこには古代日本人の鹿に対する宗教的観念や態度も大きく作用しているのではないかと考えられる。卜骨として鹿を最良とする態度は、鹿が神の意志を知るにふさわしい霊獣であるとする観念にもとづくものであろう。鹿の骨を用いた鹿卜と鹿の描かれた土器や銅鐸がほぼ同時期に並存していた以上、そこに共通してみられる鹿を霊獣として崇敬する態度や思想は同一の由来を

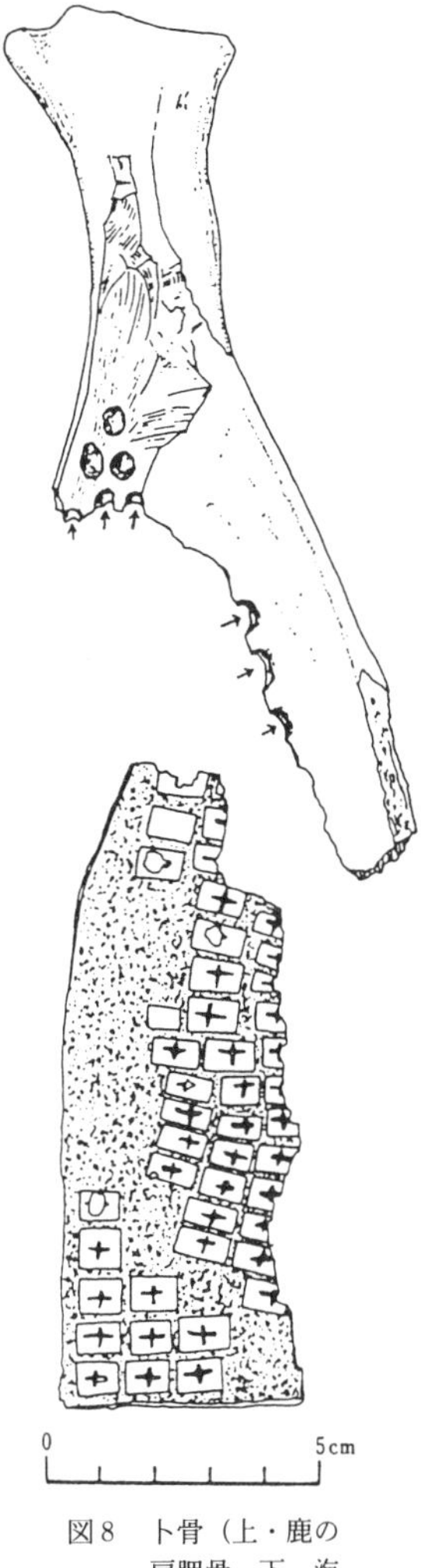

図8　卜骨（上・鹿の肩胛骨，下・海亀の甲）

もつ可能性がある。

古代日本の骨卜法の系統については、初期農耕文化のうちの狩猟文化的要素のひとつであったものが稲作農耕文化と複合し、弥生時代の日本にもたらされたものとみられている(66)。それとともに留意されるのは、卜骨を出土する遺跡の立地、および出土状況である。つまり、奈良県の唐古・鍵遺跡と長野県の生仁遺跡を除いて、そのほとんどが海岸もしくは海岸付近に立地する。また、卜骨の出土状況は貝塚や貝層からの出土が多数をしめ、漁撈集団との強い結びつきを示すが、神奈川県三浦半島周辺の遺跡からは海獣であるイルカの卜骨の出土例(67)が少なくないのも興味深い。

骨卜法や穀霊祭儀における儀礼的狩猟は、鹿を霊獣視する観念とともに稲作農耕文化複合の一要素として伝えられたものとみられているが(68)、そこに海洋民的文化の側面、海人との結びつきが推察される事情も理解できよう。なお、卜骨出土遺跡をはじめ弥生時代の海岸部に立地する遺跡や貝塚から、魚介類とともに鹿角や鹿骨など獣骨が多く出土することが報告されているが(69)、弥生時代に漁撈集団が狩猟を行なっていたことを示すものであり、海人の狩猟文化としても参考になる。

ところで、弥生時代に始まる鹿を霊獣視する観念や鹿を犠牲に用いた祭儀などが古墳時代にはどうなるかについて、鹿の造形や絵画から検討してみよう。

まず、古墳から出土する家形・武器形・人形・馬形・水鳥形など多様な形象埴輪のなかに鹿形埴輪がある(70)。動物形埴輪は近畿地方では五世紀後半から六世紀前半に、関東地方ではやや遅れて六世紀から七世紀に盛行するが、鹿形埴輪は奈良県の石見遺跡・平塚二号墳・荒蒔古墳・四条古墳、大阪府の大賀世古墳、鳥取県の土下古墳群、島根県の平所埴輪窯、愛媛県の四ツ手山古墳、茨城県新治郡、千葉県の小川台五号墳など、各地から出土している。

古墳で営まれた喪葬儀礼の全体像や埴輪の用途に関する諸説に論及する暇はないが、埴輪を樹立するということに限って簡単に私見を記せば、規模は大きくとも古墳は墓地であり、古墳への埴輪の樹立は、基本的には墓地において死者を喪葬する儀礼の一部を構成するものであったとみられる。よって、鹿形埴輪についても、古墳という墓地における喪葬の儀礼や観念のなかで理解しなければならないと考える。ただし、問題を埴輪の樹立という行為に限ってみても、それがどのような意図・目的でなされたのか、樹立に際して何らかの儀礼が伴ったか否かなど、諸説あるものの不分明な点が多い。したがって、古墳に樹立されたさまざまな埴輪が被葬者の生前ないしは死後の生活や儀礼を表現しているのか否か、また、それは単なる仮器にすぎないのか、それとも被葬者のために何らかの呪的意味を認められた霊的象徴と観念されていたのかなどについても定かではない。

ただ、『日本書紀』垂仁天皇三十二年七月己卯条に、「倭彦命《やまとひこ》の葬儀に近習者を殉死させたことを反省し、日葉酢媛《ひばすひめ》命の葬儀には殉死に代えて土師《はじ》連の祖の野見宿禰《のみのすくね》が土製の人形や馬形を樹立した」と伝えられる埴輪起源説話は、史実とはみられぬものの、そこからよみとれる埴輪樹立に対する意識は参考になる。水鳥形埴輪の樹立目的に関連して後述するように、古墳への埴輪の樹立が、墓地において被葬者のために営まれた喪葬儀礼の一部を構成する呪的儀礼であったことは認められよう。

大阪府の赤土山古墳や京都府八木町の塚本古墳から出土した円筒埴輪には鹿が線刻されており、これらの埴輪には、鹿形埴輪と同様な意味が付与されていたのではないかと思われる。栃木県の塚山古墳群出土の埴輪棺には鹿とともに×印が描かれており、鹿が喪葬に関連する存在と意識されていたことは確かである。この×印には死者霊を閉じこめ遊離するのを封じる意味があったとみられているが、(71)同時に描かれた鹿も喪葬観念と結びついた霊的存在の表現ではないかと思われる。このように、鹿形埴輪や埴輪に描かれた鹿は喪葬儀礼や観念と結びついたものであったと考えられるが、それが樹立された古墳が墓地であることからすれば、当然のことといえよう。

奈良県の荒蒔《あらまき》古墳出土の大刀形埴輪や京都府の水内古墳出土の円筒埴輪には、まさに矢を射られようとする鹿が描かれている。荒蒔古墳例が矢をことさら大きく表現していることからみて、これらも日常の鹿猟風景を描いたものではなく、先にも触れたように儀礼的狩猟画であり、神の矢の当たる鹿、あるいは儀礼的狩猟行為そのものを表わしていると考えられる。とくに、荒蒔古墳のそれが大刀形埴輪に描かれていることは注目され、愛媛県の道後や朝倉町から出土した平形銅剣、大阪府の鬼虎川遺跡出土の剣形木製品など鹿の描かれた弥生時代の武器形祭器と、同一思想上の遺物とみなすことができる。これら弥生時代の遺物が喪葬に使用されたか否かは明らかでないが、大刀形

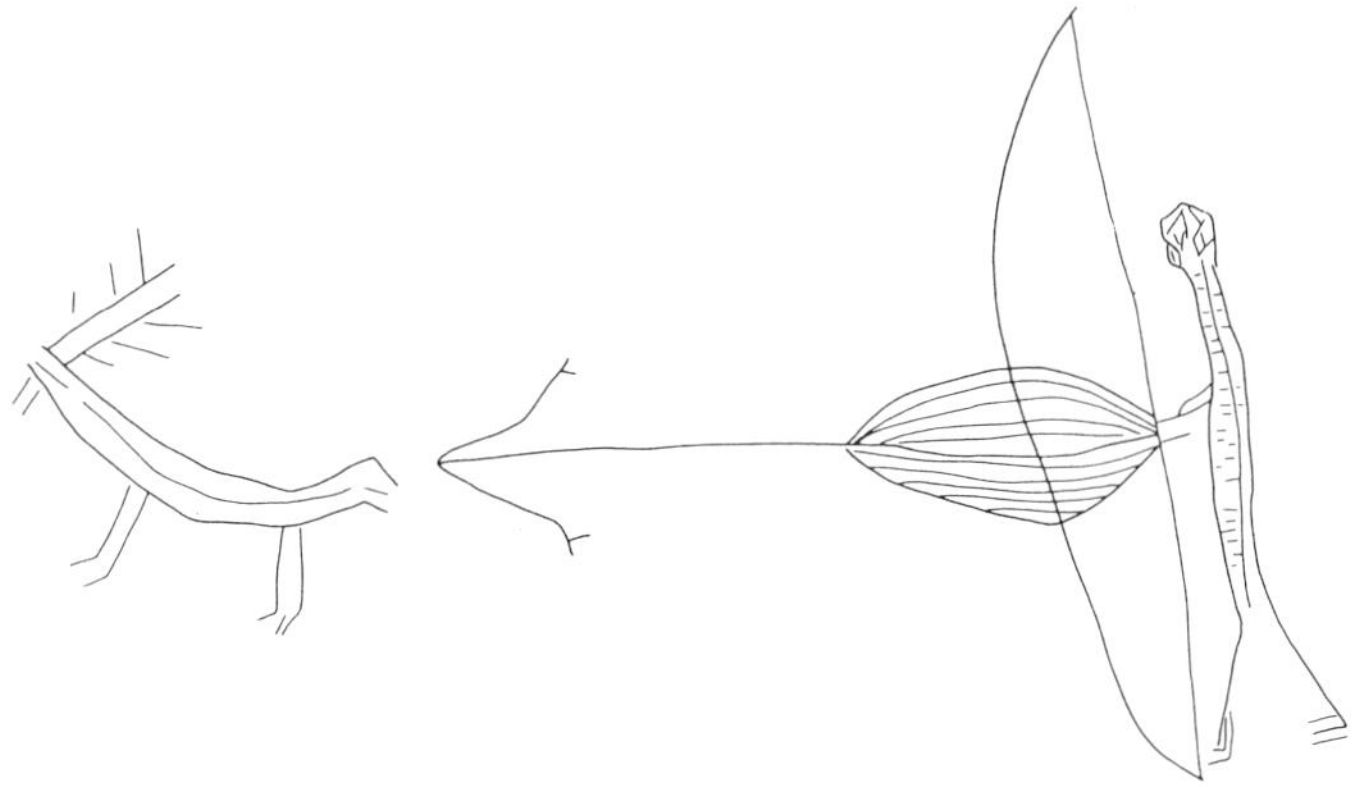

図9　神の矢を射られようとする鹿（奈良県・荒蒔古墳出土の大刀形埴輪の絵画）

埴輪は古墳に樹立されたものである。神の矢に射られた鹿が喪葬儀礼にどのような目的で登場したのか、後章で述べるヤマトタケル陵から白鹿が逃走した説話とかかわって興味をひかれる。

次に、古墳に副葬された須恵器のなかに鹿像を付したものがみられるのも参考になる。(72) 大阪府茨木市の南塚古墳出土の脚付装飾壺は、両手をさし上げた人物、二人で荷を担う人物、列状の人物群、猪と対峙する犬、馬、子鹿など一五の小像で飾られている。兵庫県竜野市の西宮山古墳出土の脚付装飾壺には、相撲をとる姿や行司らしき人物とそれを見る人物、二人で荷を担う人物、鹿の親子などがつけられている。

これらの小像群は、全体で何らかの儀礼ないしは神話的情景、たとえば荷を担う人物は神か首長への収穫物の貢献を表わしているのであろう。相撲をとる光景は岡山県熊山町出土の脚付装飾壺にもみえ、また、力士形埴輪

写真４　鹿の親子（左）と荷を担う人物（右）（兵庫県・西宮山古墳）

が和歌山県の井辺《いんべ》八幡山古墳から出土している。(73)『日本書紀』垂仁天皇七年七月乙亥（七日）条には、當麻蹶速《たいまのけはや》と野《の》見宿禰《みのすくね》の相撲起源説話が記されているが、もちろん史実ではない。しかし、二人の相撲が七月七日に行なわれたと伝えられることは、注目してよい。この七月七日（七夕）というのは、牽牛・織女物語以前から中国では正月七日（人日）と一対の重要な祭儀の行なわれる日で(74)あり、右の二人の相撲が祭儀と意識されていたことを示唆している。また、相撲をとった野見宿禰が古墳築造や埴輪製作をはじめ喪葬儀礼に従事した土師連氏の祖であることなどからみて、喪葬儀礼として相撲がとられた可能性も考慮しなければならない。

　鹿もこうした儀礼の一端をになったと思われるが、岡山県長船町出土の脚付装飾壺にも鹿像がみえ、和歌山県の井辺八幡山古墳出土の耳杯形須恵器(75)には中央の水鳥を挟むように牡牝の鹿が配されている。大阪府岸和田市山直沼谷山出土の装飾有蓋壺の蓋つまみに一頭の鹿、壺肩部には四頭の鹿と一人の人物がつけられて鹿づくしの観があるが、奈良県御所《ごぜ》市出土の鹿上半身がつけられた装飾𤭯《はぞう》は三国時代の新羅の遺品と類似する。

これらの装飾付須恵器は、時期的には六世紀後半前後に盛行し、地域的には瀬戸内海中・東部沿岸地域に分布の中心がある。この時期に新しく渡来してきた文化の影響も考えられるが、そのほとんどが古墳石室内への副葬品であり、また脚付という供献用の器種であることなどから、喪葬儀礼の場で死者に供薦《きょうせん》される品の中心的位置を占めていたとみられる。(76) こうした供献用装飾付須恵器に鹿像がつけられているということは、鹿が喪葬と結びついた獣と意識され、特別視されていたことを示すものである。

写真５　鹿で飾られた須恵器の壺
（大阪府・岸和田出土）

なお、福島県の太平洋岸に分布する七世紀代の横穴古墳である塩崎古墳（相馬郡）・清《きょ》戸《と》迫《さく》古墳（双葉郡）・羽山古墳（原町市）・高松古墳（相馬市）など(77)には、鹿の線刻または彩色画が人物や渦巻文とともに

図10　鹿や渦巻文，騎馬人物などが描かれた横穴壁画（福島県・清戸迫古墳）

描かれており、(78)ここでも喪葬観念と結びついた鹿をみることができる。

このように、古墳時代も中頃以降になると、鹿形埴輪や鹿像をつけた供献用装飾付須恵器、横穴の壁画など、時期的には若干前後しながらも、喪葬の儀礼や観念と結びついた鹿が目につくようになる。弥生時代とは異なる新しい傾向として留意されるが、この古墳に登場する各種の鹿の機能、その表現するところについては、それが同一のものか否かを含めて具体的には明らかではない。憶測をたくましくすれば、後章に述べるように、古墳に鹿がかかわる説話もあり、水鳥形埴輪や鳥の装飾付須恵器と類似した喪葬儀礼に関係する何らかの霊的存在を象徴しているのではないかと推察される。

四　アジアの鹿崇拝

自然を喪失した人工景観のなかで生活する現代人には、気温変化に伴う更衣でしか自然の定期的、時間的変化をしっかり体感することができなくなり、自然観そのものが失われつつあるが、古代人はもっと豊かで異質な自然観をもっていた。すべてが自然のなかでの生活であった彼らにとって、生きること自体が自然そのものであった。自然を征服したり、あるいは逆に従属したりという対立的関係ではなく、それは自然と一体になりその一部として生きることであった。これはけっして自然に埋没して生きることを意味するものではなく、彼らの日々の生活そのものが自然の一部を構成していると認識していたのである。彼らにとって、時間は自然の変化と一体となって経過するものであり、自然の変化は季節の動きとともに繰り返されるものであった。

こうした自然観をもつ古代人にとって、播種から収穫にいたる農作業や生・老・死といった人の一生さえも、草木の萌芽から枯朽にいたる変化と同様の、自然のさまざまな変化のなかの一こまにすぎなかった。彼らにとって最も大切だったのは、この自然の変化であり、そのくり返しの確実なことであった。神話的思考のもとでは、この自然の変化を確実にくり返させることは、始源の世、神々の世を再現することであり、豊穣の世を実現することであった。つまり、自然としての彼らの「生」は、自然の変化の確かなくり返しによって保証されるのであり、そのためにさまざまな手段を講じてそれを確実なものにしなければならなかった。

もちろん、このような自然観をもつ彼らにおいても、永遠に続く生命がはじめから存在するわけではない。永遠なる生命は再生と復活をくり返すことによって実現が可能になると信じられたのであり、そのためには毎年同じ時日に同じ祭儀をくり返し行なわねばならないと考えられた。豊穰をもたらす霊的存在と信じられた永遠なる穀霊を招き寄せるためにも、毎年同じように穀霊祭儀をくり返し行なう必要があったわけであり、描かれた鹿はそのためのものであった。その鹿は、豊穰をもたらす穀霊の復活と再生を確かなものにする霊獣であり、かつ実際的には穀物の生長促進を保証する水の象徴でもあって、それらの呪的効果を得るために祭儀で犠牲に供される聖獣でもあった。

古墳時代も中頃以降になると、穀霊祭儀と結びついた鹿崇拝のほかに、鹿を喪葬との関係において霊獣視する観念の広がりがみられ、前代とは若干異なる新しい傾向が現われる。

また、前章でシャマンの鹿角装とかかわって若干触れたところでもあるが、古代日本の鹿を霊獣視する信仰や儀礼の成立や伝播の問題については、新田栄治氏[79]が鹿卜法の伝播、杉山二郎氏[80]が古代の儀礼的狩猟のひとつである薬猟《くすりがり》の成立、春成秀爾氏[81]が銅鐸に描かれた鳥とのかかわりにおいておのおの説いているように、稲作農耕文化複合のなかの狩猟文化的要素のひとつとして伝えられたものとみられ、朝鮮から大陸地域にも目を向ける必要がある。そこで最後に、この問題について主に考古資料を中心にして概括的に触れてみることにする。

まず、朝鮮では祭祀に使用されたとみられる二頭の牡鹿などを描いた青銅製飾板が出土（伝慶州）している。[82]とくに、後方に描かれた鹿は矢ないしは槍を背に負う姿である。これは、犠牲に用いる

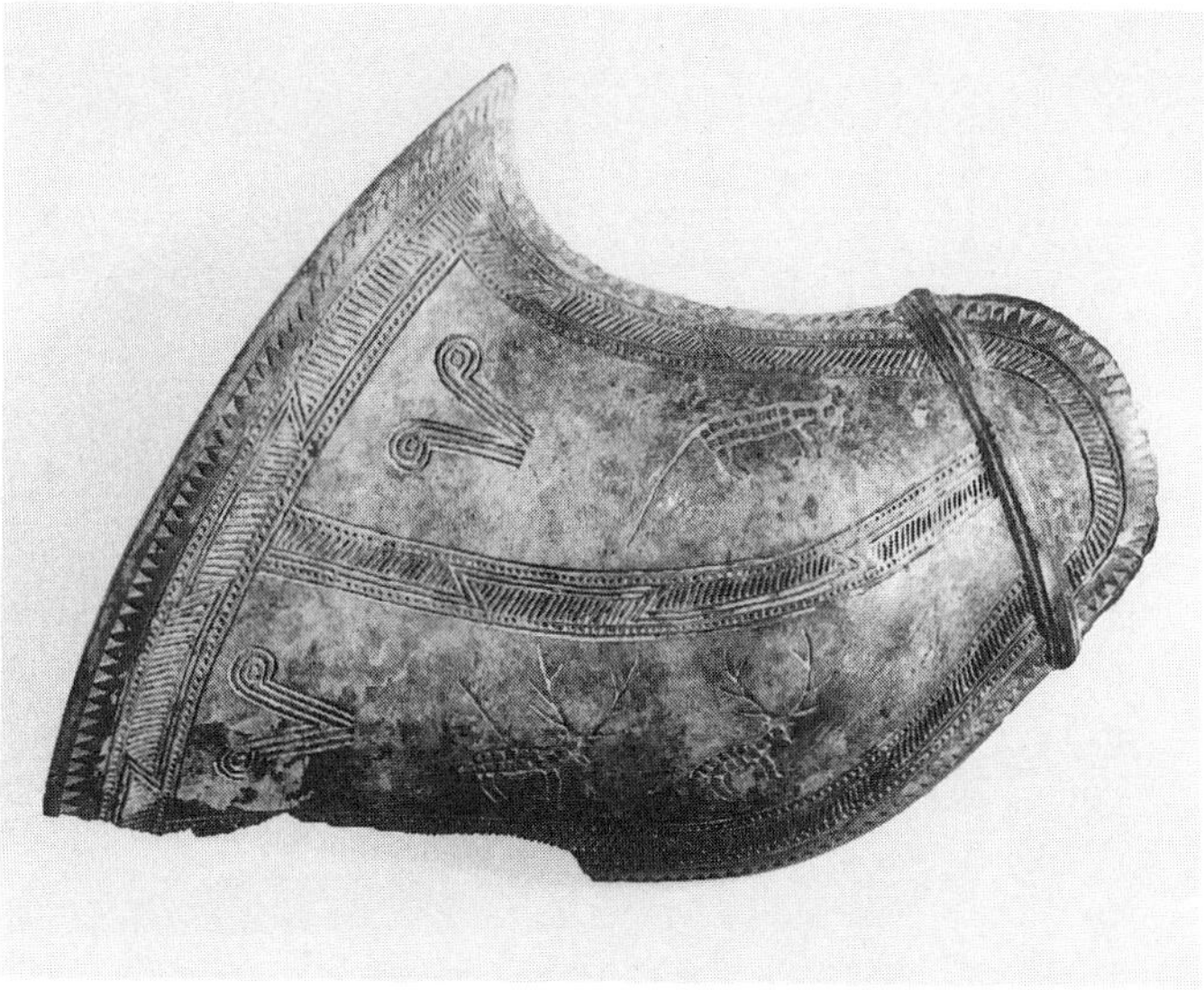

写真6　矢負いの鹿（伝韓国慶州出土）

ために神の意志により聖別された鹿であることを表わしており、古代日本の類似絵画との関係が注目される。また、肩部に二頭の牡鹿像をつけた三国時代の新羅の𤭯《はぞう》形陶質土器も出土しているが、(83)これと日本の鹿装飾付須恵器との関係についても考慮しなければならない。

新羅の瑞鳳塚や天馬塚・金鈴塚などから出土した鹿角形立飾付金製冠（五〜六世紀）や、水神が鹿に変化する旧『三国史』の高句麗神話については先に触れたが、『三国史記』(84)には高句麗王や百済王の狩猟記事が少なくない。(85)たとえば、同巻十五には高句麗の大祖大王は狩猟に出て白鹿を獲（十年八月および四十六年三月）、同じく巻二十三には百済の己婁《こる》王が漢山

写真7　伏臥姿勢の牡鹿像
（中国・漣水）

での狩猟で神鹿を獲たと伝えている（二十七年）。記事の信憑《しんぴょう》性については問題もあるが、『三国史記』が伝える高句麗王や百済王の狩猟の獲物はほとんどが鹿または獐《のろ》（シカ科の小獣）である。王者の狩猟獣には鹿がふさわしい、鹿でなければならないとする意識の強いことが窺われ、次章で検討する古代日本の王者の狩猟との関係についても留意される。

次に、中国では湖南省長沙の春秋時代晩期の楚《そ》墓から漆塗りの伏臥する木製鹿像が出土している(86)が、頭の両側には鹿角を挿入するための孔が残ることから有角の牡鹿像であったことが知られる。同様の伏臥姿勢の長大な角をもつ戦国時代の青銅製鹿像が江蘇省漣水から出土しているが(87)、前章で述べた古代日本の例（『万葉集』巻十六、三八八四）と同様に、中国でも伏臥する鹿に何らかの儀礼的な意味があったのではないかと思われる。また、河北省満城の前漢の劉勝墓からは有角の鍍金鹿像が出土している(88)。このように鹿像を墓に副葬した意図は明らかではないものの、喪葬と結びついた鹿崇拝として留意されよう。

なお、河南省信陽の戦国時代の楚墓からは、長大な鹿角、丸い大きな目に長い舌を出した怪獣姿の墓鎮（辟邪獣）が出土しているが、(89)これは明らかに鹿をモデルにしたものである。鹿をもとにした合成の瑞獣である麒麟《きりん》とともに、中国でも鹿を霊獣視する思想の多様であったことが知られる。さらに、中国の鹿崇拝は、湖南省長沙の馬王堆一号漢墓から出土(90)した朱地彩絵棺の頭部側板に描かれた仙山に登る(91)二頭の白鹿画や、鹿皮をまとって登仙したという『列仙伝(92)』鹿皮公《ろくひこう》伝にみるように、神仙思想とも結びつく。

内陸部に目をむけると、モンゴル高原からアルタイ地方に紀元前一〇〇〇年を少し過ぎた頃から立てられたとみられる、高さ一～二メートルの「鹿石」とよばれる石柱が残されている。それは表面に鹿文様が浅く彫りこまれていることによる呼称であるが、積石塚が伴うことから埋葬遺跡あるいは埋葬儀礼と結びついた遺物とみられており、(93)ここでも喪葬と鹿が結びついていることは興味深い。モンゴルの石積祭壇であるオボには鹿像を置くものもあるが、モンゴル族の発祥伝説は彼らの鹿崇拝を知るうえで象徴的である。『モンゴル秘史(94)』は次のように伝える。

上天からの定命によって〔この世に〕生まれ〔出〕た蒼い狼があった。その妻は白い牝鹿であった。大湖を渡って来た。

さらに西方に目をむけると、遊牧騎馬民族のスキタイは勝れた動物狩猟文様でも著名であり、鹿を象《かたど》った遺物も多く出土している。紀元前四世紀のクーリ・オバ高塚からは金製の鹿形飾板、紀元

写真8　鹿の竿頭飾（パズィルイク第２号高塚）

写真9　同右（アラジャホユックＢ墓）

前六世紀初のケレルメス第四号高塚からは鹿二四頭と豹三二頭を配した金製飾板、紀元前五〜四世紀のパズィルイク（パジリク）第二号高塚からは鹿の竿頭飾(95)、マホシェフスカヤ村付近の紀元前七世紀の古墳からは鈴付の鹿の竿頭飾(96)等々が出土している。さらに、紀元前八世紀末〜七世紀初のノヴォザヴェヂョンノエⅡ墓地八号墳からも同様な鈴付鹿竿頭飾(97)が出土している。こうした竿頭飾は西アジアに起源し、太陽や豊穣を祈る祭儀に使用されたとみられている(98)。しかし、遺品はいずれも墓地から出たものであり、喪葬関連の使用が想定される。立竿は聖なる小空間と神の世界を結ぶ世界樹としての機能をもち、聖なる空間の標示物として葬儀に使用されたのではないかとの推測もなされている(99)。

アジアの西端、トルコのアナトリア地方

のアラジャホユックB墓からは紀元前三〇〇〇年紀後半の鹿の竿頭飾が、同じく紀元前三〇〇〇年紀末のホロズテペの墓地からは一頭の牡鹿と三頭の牝鹿（または子鹿）を配したシストラム（楽器）が出土しており、[100] ユーラシア大陸における鹿崇拝の古く遠いことが窺われる。

古代日本の鹿を霊獣視する観念や儀礼も、広義にはユーラシア大陸に古く広く分布する鹿崇拝[101]の東端地域の一例といえようが、その具体的、直接的な系譜関係については、日本の古代農耕文化の原郷およびその伝播経路ともかかわる問題であり、さらに多面的な考察が必要であろう。

第三章　食された鹿

第一章では、海を泳ぎ渡る鹿の説話・伝承についての考察から、鹿が河海をよく泳ぎ渡る習性をもつこと、それを利用して海人が鹿の追い込み猟を行なっていたこと、鹿角装のシャマンやその儀礼が古代日本にも存在したとみられることなどについて指摘し、鹿に対する信仰や儀礼の伝播には海人が関わっていた可能性の大きいことについて述べた。

次に第二章では、主に弥生土器や銅鐸、埴輪や須恵器などの器物に表わされた鹿の絵画や造形についての考察から、弥生時代の中頃から鹿が穀霊の復活・再生を象徴するとともに潤沢な水をも保証する霊獣として崇敬され穀霊祭儀の犠牲とされたこと、古墳時代の中頃からは喪葬と結びついた新しい傾向がみられることなどについて指摘した。さらに、こうした鹿にまつわる信仰や儀礼の背景にある宗教的観念は、遠くはユーラシア大陸に溯源し、近くは朝鮮との関係を考慮しなければならないことについて述べた。

おそらく、鹿角装シャマンや穀霊祭儀の犠牲とされる鹿、さらには喪葬と結びついた鹿も、より本源的には鹿を復活・再生・永遠の生命の象徴として霊獣視する観念に由来するものと考えられる。ところで、こうした鹿をめぐる信仰や儀礼は、古墳時代以降はどのように継承され、あるいは変容していくのか、この点を、肉食、儀礼的狩猟、令制下の獣製品の貢進などをとおしてみてみよう。

一　古代日本の肉食忌避

獣肉を食すること（以下、単に肉食と記す）が人間の食生活上、歴史的にも地理的にも普遍的なことであるのに反して、肉食を忌避することは、特殊で限定されたものである。それも、ヒンズー教徒の牛やイスラム教徒の豚に対する態度にみるように、特定の宗教と特定の動物に関わる場合がほとんどであって、肉食全般を忌避する傾向にあった明治以前の日本とはかなり情況を異にするものである。

明治以前の日本文化の特色のひとつとして強調されるのがこの肉食忌避であるが、これについて史料上最も古く溯ることができるのは『三国志』魏書東夷伝倭人条である。それによると、始め死するや停喪《ていそう》十余日、時に当りて肉を食わず、喪主哭泣し、他人就いて歌舞飲酒す。已《すで》に葬れば、挙家水中に詣《いた》りて澡浴《そうよく》し、以て練沐《れんもく》の如くす。その行来・渡海、中国に詣るには、恒に一人をして頭を梳《くしけず》らず、蟣蝨《きしつ》を去らず、衣服垢汚、肉を食わず、婦人を近づけず、喪人の如

くせしむ。これを名づけて持衰《じさい》と為す。（後略）

とあり、服喪期間中と、渡海の際に特別な宗教的役割を与えられた持衰という人物は、肉を食うことができなかったと伝えている。服喪期間中と渡海中の持衰が肉食を禁止された思想的背景は分明ではない。日頃から肉を食していたため、服喪や物忌みなどの宗教的に特別な情況にある期間は、それが日常性を否定された期間であるがために肉食が忌避されなければならなかった、あるいは、肉が日常的に食されただけでなく、神に供献された犠牲獣が祭事のあとの直会《なおらい》で食されるなど、場合によっては聖性を付与された食物であったために忌避された、などの推察が可能であろう。

三世紀のこうした特定期間中の肉食忌避の習俗が、その後どのように継承されたのか明らかではない。ただ、日常生活で肉食が特別に忌避されたり、そのために狩猟が禁止されたりすることのなかったことは、猪飼部《いかいべ》や宍人部《ししひとべ》の設置からも窺うことができよう。宍人部については後述するが、猪飼部の飼育した「猪」が野生の猪なのか家畜化した豚なのか定かではない（後者である可能性も少なくない）[1]。しかし、猪飼部だけでなく一般にも「猪」が広く飼育され、猪肉が食されていた。それは、天智天皇三年（六六四）十二月に淡海国が、「坂田郡の人小竹田史身《しのだのふひとむ》が猪漕《ゐかふね》の水の中に、忽然《たちまち》に稲生《な》れり。身、取りて収む。日日に富を致す」[2]と報告し、元正天皇が養老五年（七二一）七月に「諸国の雞猪を悉く本処」[3]に、また聖武天皇が天平四年（七三二）七月に「畿内の百姓の私《ひそ》かに畜ふ猪卌頭を和《あまな》ひ買ひて山野」[4]に、それぞれ放生《ほうじょう》させていることからも知られよう。

この放生が肉食忌避と思想的にも深く関わるものであることは詳述するまでもないが、『三国志』以降における確かな肉食忌避は、ほぼ四〇〇年後の七世紀後半まで文献に現われず、『日本書紀』天武天皇四年四月庚寅条に、

諸国に詔して曰はく、「今より以後、諸の漁猟者《すなどりかりするひと》を制《いさ》めて、檻《をり》穽《しあな》を造り、機槍《ふみはなち》の等《ごと》き類を施《お》くこと莫《まな》。亦四月の朔《ついたちのひ》より以後、九月三十日より以前に、比彌沙伎理《ひみさきり》・梁《やな》を置くこと莫。且牛・馬・犬・猨・雞の宍を食ふこと莫。以外は禁《いさめ》の例に在らず。若し犯すこと有らば罪せむ」とのたまふ。

とあって、檻《おり》や落とし穴（穽）、機械仕掛けの槍（機槍）など特別な仕掛けを用いた狩猟や、一定期間中の特定の漁法による漁業、および牛・馬・犬・猨・雞の肉食を禁止している。ただし、それ以外の方法による狩猟や漁業、鹿や猪などの肉食は禁止されていない。

この詔の目的は明らかではないが、のちの養老雑令(5)に「凡そ檻穽《かむせい》作り、及び機槍《きそう》施かば、径を妨《ほせ》き及び人を害すること得ず。」とあることから類推して、人々の生活の安全確保のためであったと思われる。唐令にも同様の規定があったとみられること(6)から、おそらくは唐制に依拠した天武朝の令制的施策の一環であったと考えられる。ただし、これは特別な仕掛けを用いた狩猟についてであって、特定動物に限って肉食禁止令を出した理由については不明である。

天平二年（七三〇）九月には、この天武天皇四年四月の詔を引き継ぐかたちで、狩猟制限令が出

されている。『続日本紀』天平二年九月庚辰条には、

「（前略）また、陸《をり》を造りて多く禽獣を捕ることは、先の朝《みかど》禁《いさ》め断《た》てり。擅《ほしきまま》に兵馬・人衆を発《おこ》すことは当今聴《ゆる》さず。而るに諸国仍《なほ》陸籬を作りて、擅に人兵を発して猪・鹿を殺し害《そこな》ふ。計るに頭数無し。直に多く生命を害ふのみに非ず。実に亦章程《のり》に違ひ犯せり。諸道に頒ちて並に禁め断つべし」とのたまふ。

とあり、天武天皇四年四月の禁令が遵守されていないことを述べ、改めて狩猟の制限を命じている。ここに猪・鹿とみえるが、これは代表的狩猟獣を述べたまでで、特に猪・鹿の狩猟を禁止するということではない。ここで問題にされているのは、陸《おり》や籬《まがき》を設け、多数の人民を駆り出しての、郡司層の大規模な狩猟であろう。つまり、在地首長層が伝統的な領有権承認儀礼[7]として領内の人民を多数徴発して行なう狩猟を制限したものであり、首長権の制限を主眼とするものであったと考えられる。それは、天平十三年（七四一）二月の国郡司私的狩猟禁止令も同様である。『続日本紀』天平十三年二月戊午条には、

詔して曰はく、「馬・牛は人に代りて、勤《いそ》しみ労《つと》めて人を養ふ。茲《これ》に因りて、先に明《あきらけ》き制有りて屠り殺すことを許さず。今聞かく、「国郡禁め止むること能《あた》はずして、百姓猶屠り殺すこと有り」ときく。其れ犯す者有らば、蔭贖《おむぞく》を問はず、先づ決杖一百、然して後に罪科すべし。また聞かく、「国郡司等、公事に縁るに非ずして、人を聚めて田猟《でんれふ》し、民の産業《なりはひ》を妨げて、損害《そこなひ》

実《まこと》に多し」ときく。今より已後は、禁断せしむべし。更に犯す者有らば、必ず重き科《とが》に擬《あ》てむ」とのたまふ。

とあり、馬・牛の屠殺と国郡司の私的狩猟を禁止している。馬・牛の屠殺禁止令は、詔文に「先に明き制有りて」とあることから明らかなように、天武天皇四年四月の肉食禁止令をうけたものであるが、馬・牛が有用な家畜であるとの理由を述べている点が新しい。国郡司の私的な狩猟禁止令も、天平二年九月と同じ内容のものを、「民の産業を妨げて、損害実に多し」とあるように、勧農という観点から言いかえたものにすぎない。

いずれにしても、勧農および在地首長層の伝統的権限の制限という律令政府の政治的目的による部分的な肉食と狩猟の制限および禁止である。制限・禁止の対象とならなかった肉食や庶民の狩猟が日常の光景であったことはもちろんである。おそらく、律令政府は純政治的には、国民一般の肉食や狩猟を全面禁止するという意図や方針はもたなかったものと考えられる。ところが、まったく別の観点から肉食や狩猟を制限・禁止しようとする動きがあった。

その一つが、仏教思想にもとづく肉食忌避、禁猟などの施策である(8)。まず、養老僧尼令には、

凡《おほよ》そ僧尼、酒を飲み、肉食《ししは》み、五辛《ごしん》服せらば、卅日苦使。若《も》し疾病の薬分に為《す》るに、須《もち》ゐむ所は、三綱其の日限給へ。若し酒を飲みて酔ひ乱れ、及び人と闘打せらば、各還俗。

とあり、僧尼の飲酒・肉食・五辛（蒜や葱など）摂取を禁止している。法制上はあくまで僧尼の飲

食規制であるが、仏教思想の浸透にともない、恣意《しい》的な王政のもとで、これが一般の施策にも影響を及ぼすことは起こりうることである。養老雑令には、

凡そ月の六斎《ろくさい》の日には、公私皆殺生断《や》めよ。

とあり、天界から四天王ないしはその使者が下界に降って衆生を監視するという六斎日（毎月の八日・十四日・十五日・二十三日・二十九日・三十日）には殺生を禁止しており(9)、もちろん狩猟も禁止対象であった。また、この規定を徹底させるための命令も出されている。たとえば、『続日本紀』天平九年八月癸卯条には、

四畿内・二監と七道の諸国との僧尼をして清浄沐浴せしむ。一月の内に二三度、最勝王経を読ましむ。また、月の六斎日に殺生を禁断す。

とあるが、それが僧尼の清浄とともに求められていることは、肉食を触穢《しょくえ》とする観念との対比のうえで留意される。なお、六斎日の殺生禁止令は天平十三年三月(10)および宝亀二年八月(11)にも出されている。これらは、いずれも僧尼を対象とするか仏教教典にもとづくいわば限られた規制であるが、次はそれが一般的な施策として命じられたものである。

『続日本紀』養老五年七月庚午条には、

詔して曰はく、「凡そ、霊図に膺《よ》りて、宇内《くにのうち》に君として臨みては、仁《めぐみ》、動植に及び、恩《うつくしび》、羽毛に蒙《かがふ》らしめむとす。故、周孔の風、尤も仁愛を先にし、李釈の教、深く殺生を禁《いまし》む。その放鷹《ほうよう》

司《し》の鷹《たか》・狗《いぬ》、大膳職の鸕鷀《う》、諸国の雞猪を悉く本処に放ちて、その性を遂げしむべし。今より而後、如《も》し須《もち》ゐるべきこと有らば、先づその状を奏して、勅を待て。その放鷹司の官人、并せて職の長上らは且《しまら》くこれを停めよ。役《つか》ふ品部《ともべ》は並に公戸に同じくせよ」とのたまふ。

とあり、徳政的政策として鳥獣の放生《ほうじょう》を命じている。儒教の教え（周孔の風）にもとづき動植物に君主の仁愛をこうむらさしめ、道教と仏教（李・釈）の教えにより殺生を禁止し、放生を命じるとあるが、儒教や道教の語句は詔を荘厳にするための修辞であり、放生の思想的根拠は仏教にある[12]とみられる。

放生については、『続日本紀』文武天皇元年八月庚辰条に「諸国をして毎年に放生せしむ」、同天平四年七月丁未条にも「詔して、畿内の百姓の私《ひそ》かに畜《やしな》ふ猪卌頭を和《あまな》ひ買ひて山野に放ち、性命を遂げしめたまふ。」とあるが、その思想的背景を示す記述はない。

また、『続日本紀』天平宝字二年七月甲戌条には、

勅すらく、比来《このころ》、皇太后寝膳安からず、稍《やや》旬日を経ぬ。朕、思ふに年を延べ疾を済《すく》ふは仁慈に若《し》くは莫《な》し。宜《よろ》しく天下諸国をして今日より始めて今年十二月卅日にいたるまで殺生を禁断せしむべし。また猪鹿の類を以て永く進御するを得ざらしむ、と。

とあって、光明皇太后の済疾長生を得るために殺生禁断と猪鹿などの貢進停止を命じている。きわめて個人的な理由による殺生禁断であるが、それによって長命を得ようというのであるから、これ

も仏教思想が背景になっているとみられる。また、猪鹿などの貢進停止は、内廷での肉食が少なくなかったことを示すが、今回は期限つきの殺生禁止であって、限られたものである。

ところが、天平宝字八年（七六四）十月の禁猟および肉類の貢進停止令は、社会にかなり大きな影響を与えたのではないかと思われる。『続日本紀』天平宝字八年十月甲戌条には、

勅して曰はく、天下諸国、鷹・狗および鵜を養ひて以て畋獦《でんれふ》することを得ざれ。また諸国、御《み》贄《にへ》の雑完（ママ）・魚などの類を進ることを悉く停めよ。また中男作物の魚・完（ママ）・蒜などの類は悉く停めて他の物を以て替へ宛てよ。但し神戸は此の限りに在らざれ、と。

とあって、鷹や犬を使用した畋獦（狩猟）を禁止し、宍[13]（獣肉）をはじめ魚や蒜（五辛の一）などの貢進の停止を命じている。この勅が出された政治的理由や思想的背景は明らかではないが、その直前の天平宝字八年九月には、権勢をほしいままにした恵美押勝（藤原仲麻呂）が敗死するのと同時に道鏡が大臣禅師に任じられている。したがって、おそらくは道鏡の提案、換言すれば仏教思想にもとづくものではないかと思われるが、それは宍とともに僧尼令で禁止されていた蒜《ひる》の貢進も同時に停止させていることから傍証されよう。道鏡は内廷に僧尼の生活規範をもち込もうとしたともみられるが、単に僧尼令の規定によって僧尼の肉食が禁止されただけでなく、仏教思想が浸透し僧侶が政界に進出することによって、それが内廷にまで押し広げられたのである。さらに、放生や肉類の貢進停止、狩猟禁止令は庶民生活にまで大きな影響を与えたであろう。こうした仏教思想にもと

づく諸政策が契機となって、社会全般に肉食忌避の傾向が強まっていくことはありうることである。

このような仏教思想にもとづく狩猟禁止、肉食忌避とは別に、肉食を穢《けがれ》とみる観念にもとづく肉食の忌避もあった。まず、養老職制律には、

> 凡そ大祀の散斎《さんざい》に在らむ、而るを喪を弔《とぶら》ひ、疾を問ひ、刑殺の文書に判署し、及び決罰し、宍を食《くら》はば、笞五十。奏聞せらば、杖七十。致斎《ちさい》は、各二等加へよ。

とあり、大祀の物忌[14](散斎《あらいみ》・致斎《まいみ》)期間中は弔問や宍を食することができない規定であった。物忌期間中の肉食を禁止した理由については、養老神祇令に、

> 凡そ散斎の内には、諸司の事理《をさ》めむこと旧《もと》の如く。喪を弔ひ、病を問ひ、完(ママ)食むこと得じ。亦刑殺判らず、罪人を決罰せず、音楽作《おこ》さず、穢悪《ゑを》の事に預らず。(後略)

とあって、物忌期間中の肉食などが「穢悪の事に預」るのと同等のこととみなされている。ここに、肉食を穢れた悪しき行為とする思惟のあったことが知られる。特に、養老神祇令が唐の祠令の散斎禁忌五項に「食宍」を加えて禁忌六項としていること[15]から、それが当時の日本の支配者層の思想にもとづく独自の判断によるものとして注目される。『続日本紀』天平九年八月癸卯条にみる僧尼の清浄であることの要求との関連も留意されるが、なぜ日本では肉食が穢悪のこととみられたのか、どのような思想的背景によるものか、あるいは伝統的なものか否かについては、いずれも詳細は明らかではない。ただ、これが奈良時代以降に明確化する思想傾向であること、時代が降るにつれて

強くなることは確かである。

たとえば、承和十一年（八四四）十一月に、「王臣の家人や百姓が北山で捕獲した鹿や猪を鴨川上流で解体するので、下流にある上・下賀茂神社がその汚穢《おわい》に触れ祟りをなすため禁止してほしい」と、禰宜《ねぎ》の賀茂県主広友らが訴え出たので、朝廷は河源でのそうした行為の禁止を命じている。(16)平安時代には神社でも獣の血や肉が汚穢なものとされていたことがわかるが、肉食を穢悪とするのと同じ思惟にもとづく態度といえよう。この思惟が神祇信仰の伝統的な観念にもとづくものか、それとも律令の規定や仏教思想に影響されて新しく成立したものなのか定かではないが、九世紀には都近くの神社でも獣の血や肉を忌避しようとする態度が強かったことは確かである。ただ、これは反面、都付近でも狩猟が盛んに行なわれていたことを示すものでもある。

また、元慶元年（八七七）七月には、神功皇后の楯列山陵の祟《たた》りによって炎旱《えんかん》だったので、使を遣わして調べたところ、喪儀倉の倉下(17)（高床倉庫の床下）で倉を管理すべき倉人が鹿を解体してその肉を食し、また百姓が山陵の樹木を伐採したことがその原因として明らかになったとして、関係者を処罰している。(18)陵域内の樹木伐採は喪葬令の禁止するところであるが、(19)喪儀倉の倉下での行為については何ら法の規制するところでないにもかかわらず、関係者が処罰されていることは注目される。怨霊思想の広がりとともに肉食が死者霊の祟りの原因とされることもあったことが知られるが、これも肉食を汚穢なこととする観念にもとづく態度といえる。

このように、殺生を禁断する仏教思想と肉食を穢悪のこととする神祇信仰、さらには律令の規定等が習合・相乗されて、狩猟を禁止し肉食を忌避しようとする傾向[20]が奈良時代以降に現われ、時代が降るとともに強くなったことが知られる。ただし、これらはいずれも当時の支配者層にみられる思想・態度であり[21]、狩猟や肉食の禁止令がたびたび出されているということは、支配者層の肉食忌避の態度とは裏腹に、彼ら以外は依然として狩猟を行ない、広く肉を食していたことを示している。というよりも、江戸時代に鹿・猪・兎が広く食されていたことを持ち出すまでもなく、忌避され禁制の加えられた令制下においてさえ、後述するように朝廷へ獣製品が貢進され、内廷では肉が食されていたのであり、必ずしも完全に肉食が忌避されていたわけではなかったのである。[22]

二　古代日本の肉食

上述したように、肉食を穢悪《えお》のこととして忌避しようとする態度が奈良時代以降、支配者層を中心に寺院や神社でも強くなる傾向にあった。しかし、それ以外、あるいはそれ以前において肉食は汚穢なことではなく、ことさらに忌避されることもなかった。

いくつか例をあげると、『日本書紀』神武天皇即位前紀には、熊野より大和に入った神武天皇の軍勢を迎えた菟田《うだ》の弟猾《おとうかし》は、「已《すで》にして、弟猾大きに牛酒《しし》を設けて、皇師《みいくさ》に労《ねぎら》へ饗《みあへ》す。天皇、其の酒宍《しし》を以て、軍卒に班《あか》ち賜ふ。」とあり、牛肉と酒で饗宴を催したと伝えている。もちろん、これは伝承上のことであって史実性は疑問であるが、宍（獣肉）や酒を用いての饗宴の存在まで否定する必要はない。『日本書紀』の編纂《へんさん》当時は、天皇の肉食はとりたてて忌避すべきものとは考えられていなかったことを示すものである。(23)

次に、『日本書紀』雄略天皇二年十月癸酉条では、天皇が吉野宮に行幸し御馬瀬で虞人《やまのつかさ》に命じて猟をしたところ多くの鳥獣を獲たが、だれもそれを鱠《なます》につくることができなかった。そこで能《よ》く宍《なま》膾《す》を作る膳臣《かしわでのおみ》長野をはじめ厨人《くりやびと》の菟田御戸部と真鋒田高天を宍人部《ししひとべ》とし、のちには大倭国造吾子《あご》籠《こ》宿禰が狭穂子鳥別を貢上したので宍人部《ししひとべ》にしたが、続いて臣連伴造国造らも宍人部を貢上したと伝えている。(24)

この記事は、『日本書紀』編纂者がそれまでに存在した複数の宍人部設置伝承をここに一つにまとめて記載することによって、宍人部の起源を示そうとしたものとみられる。(25)また、宮廷の供膳・調理に奉仕した膳部の伴造である膳臣や宮廷の調理人である厨人を宍人部としたということは、宮廷内の供膳・調理関係の職掌分化を意味するものと考えられるが、それらが実際に雄略朝のことであったかについては定かでない点もある。(26)続いて『日本書紀』雄略天皇七年是歳或本条には、百済《くだら》から帰国した吉備臣弟君が漢手人部《あやのてひとべ》・衣縫部《きぬぬいべ》・宍人部《ししひとべ》を献上したとあり、渡来人をもって編成した宍人部もあったようである。

この宍人部は山城・駿河・伊豆・武蔵・若狭・越前・伯耆《ほうき》など、主に東海地方と日本海側の諸国に分布するが、(27)伴造の宍人臣は『日本書紀』崇峻天皇二年七月条をはじめとして、史上に散見される。『新撰姓氏録』左京皇別上条には大彦命の後で阿倍朝臣同祖とする「完人《（ママ）》朝臣」を載せるが、宍人臣が宮廷の供膳・調理や食物供献儀礼(28)を職掌とした阿倍臣や膳《かしわで》臣、安閉《あへ》臣ら大彦命後裔の諸氏と同族とされるのは、宍人部の職掌と無関係ではなかろう。宍人部の職掌は、はじめて宍人部とされた膳臣長野が能く宍膾《なます》を作ったとあるように、宍（獣肉）、とくに生食用の肉の調理・供膳にあったと考えられる。

古代の肉の調理・加工法(29)としては、脯（ホジシ、乾肉）、鮨（スシ、塩をした生肉と飯を詰めて重しをし醗酵させたもの）、醢（シシビシオ、乾肉に塩をして酒に漬けた肉醤）、膾（ナマス、生肉の細切りのスシの類）などの生食用のほかに、羹（アツモノ、肉の熱い吸い物）や焼いて食することもあった。煮たり焼いたりして肉を食することは火や土器の使用と同じく古く遡るが、脯・鮨・醢・膾などは日本では比較的新しい肉の調理・加工法ではなかったかと考えられる。宍人部は、こうした新しい生食用の肉の調理・加工を専らとしたものとみられるが、それを設置したのは、外交交渉の活発化にともない外国使節の饗宴の機会の増大したことや、支配者層の嗜好《しこう》によるものであろう。

また、『摂津国風土記』逸文（『釈日本紀』所引）夢野条には鹿の宍に白鹽《あわしお》を塗るとあり、『日本書紀』仁徳天皇三十八年七月条にも白鹽を塗った鹿を苞苴《おおにえ》として献るといった記述があって、鹿肉を塩漬けにする調理が少なくなかったようである。さらには、これを贄（苞苴）として貢進したとあるが、これは令制下の獦贄《かりにえ》（後述）の前身をなすものともみられる。また、『播磨国風土記』讃容郡柏原里筌戸《うへと》条には、

大神、出雲の国より来ましし時、嶋の村の岡を以ちて呉床《あぐら》と為《し》て、坐して、筌《うへ》を此の川に置きたまひき。故、筌戸と号《なづ》く。魚入らずして、鹿入りき。此を取りて膾《なます》に作り、食したまふに、み口に入らずして、地に落ちき。故、此処《ここ》を去りて、他に遷りましき。

とあり、出雲国からやって来た伊和《いわ》大神が川に設けた筌に鹿が入ったので膾にして食した（ただし神の口には入らなかった）と伝える。伊和大神が鹿を膾にして食したというのは、おそらくは、この神の祭祀には鹿が犠牲に供され、あとの直会《なおらい》で参会者たちがそれを膾にして食べたことを意味するものと考えられる。このように生食された肉は鹿が多かったとみられるが、犠牲に供され、直会で食されたのであるから、神社や神祇信仰においても血や肉はけっして穢悪のことではなかったのである。ただ、鹿の膾が神の口に入らず神も他所へ遷坐したとあることから、風土記編纂の頃にはここでの鹿の犠牲や直会の肉食が跡絶え、単に伝承上のことになっていたとも考えられる。

犠牲で興味深いのは、『今昔物語集』巻第二十六の「美作国神依猟師謀止生贄語《みまさかのくにのかみれふしのはかりことによりていけにへをとどむること》第七」である。これは猟師の智謀により正体が猿である美作国の中山神社（延喜式内名神大社、現岡山県津山市一宮鎮座）の神に対する人の生贄（犠牲）供進を中止させた、いわゆる猿神退治譚である。

そのなかで、人の生贄調理の場面を次のように描写する。

前ニ俎《まないた》ニ大ナル刀置タリ。酢塩、酒塩ナド皆居《す》ヘタリ。人ノ鹿ナドヲ下《おろ》シテ食《くは》ンズル様也。

生贄として供献された人を調理する場面であるが、しかし、それはまさに「鹿ナドヲ下シテ食ンズル様」であった。おそらくは、犠牲の鹿を調理する場面をそのまま人のこととして描写したものであろうが、犠牲の鹿は酢塩や酒塩などの調味料を用いて調理し、生肉のまま食されていたことが知られる。なお、中山神社では鹿の犠牲を用いた神鹿祭が行なわれていた(30)。

これらはいずれも神社の犠牲獣の肉食であるが、次は祖霊供養という仏教的儀礼における肉食の興味深い話である。『日本霊異記』(31)上巻「非理奪他物為悪行受報示奇事縁《ひりにひとのものをうばいあくぎょうをなしむくいをうけてくしきことをしめすえん》第三十」は、豊前国宮子郡少領膳臣広国が慶雲二年（七〇五）九月十五日に死亡し、三日後に蘇生したが、その間に地獄へ行って亡妻と亡父に逢ったといういわゆる冥界体験譚である。そのなかに、正月一日に祖霊を宍で供養する話が出てくる(32)。これは仏《ほとけ》の正月ともいわれる大晦日《おおみそか》から元日にかけての祖霊供養(33)であり、純粋の仏教行事ではなく、在来の習俗と習合した仏教的儀礼とみられる。こうした祖霊供養に宍が供物とされていたのであり、『日本霊異記』の著者景戒もこれを何ら奇異なこととしていない。したがって、こうした場での宍の供進や肉食が、必ずしも忌避すべきこととみられていなかったことが知られる。

『万葉集』巻第十六の「乞食者詠《ほかひびとのうた》二首」のうちの平群《へぐり》山での薬猟をうたった長歌（三八八五）には、

（前略）わが角は　御笠のはやし　わが耳は　御墨の坩《つぼ》　わが目らは　真澄の鏡　わが爪は　御弓の弭《ゆはず》　わが毛らは　御筆はやし　わが皮は　御箱の皮に　わが宍は　御膾はやし　わが肝も　御膾はやし　わが胘《みげ》は　御塩のはやし（後略）

と、鹿の利用・調理法がうたわれているのも参考になる。耳や目の利用は措《お》くとしても、鹿角や爪が工具・武具・装飾品などに広く利用されいたことはもちろんであるが、毛・皮が筆や箱の材料であったことは『延喜式』にもみえ、肉や内臓が膾や塩辛の類に調理・加工されたことは前述した。平群山（奈良県生駒郡平群町）での宮廷の儀礼的狩猟である薬猟（後述）で獲た鹿を余すところなく解体してさまざまに食し利用することをほめた内容[34]であり、鹿利用の具体例がわかる点で興味深い歌である。おそらく、薬猟で獲た鹿を解体して参会者がともに食する共食儀礼の場において、あるいはそれを想定して詠まれた長歌とみられる。薬猟で最も重要だったのは、その不老長生の霊力を獲得することができると信じられた鹿の肉を、共に食することであった。

　このように、古くは宮廷儀礼や神社祭祀、あるいは仏教的習俗においても必ずしも肉食が汚穢なこととみられていたわけではなく、したがって忌避すべきものでもなかったのである。肉はさまざまに調理・加工されて広く人々に食されていたが、民族性なのか、肉の生食がもっとも好まれたようである。

三　古代日本の狩猟

農耕社会成立以降においても、狩猟は食用となる肉や内臓をはじめ、衣類・武具・文具・工具・装飾品等の材料となる毛・皮・骨・角などを得るためという、経済的な目的で広く行なわれていた。しかし、古代には経済的な目的の狩猟ばかりだったわけではなく、宗教的あるいは政治的な目的で行なわれる儀礼的狩猟も少なくなかった。特に、支配者層の狩猟にはそうしたものが多かったようであり、次にそうした儀礼的狩猟についてみてみよう。

日本の狩猟儀礼は農耕と複合して存在するところに特色があるといわれているが[35]、穀霊祭儀と結びついた儀礼的狩猟については前章でも述べたところである。たとえば、『播磨国風土記』讃容郡々首条には、玉津日女命（賛用都比売命）が生きた鹿を捕えて腹を割き、その血に稲種を蒔いたところ、一夜の間に苗が生成したので田植えをしたとあり、同じく賀毛郡雲潤里条には、太水神が宍の血で田をつくるので河の水はいらないと言ったとあって、それぞれ呪術的な農耕祭儀説話が伝えられている。これらが鹿の狩猟とその獲物の供犠の伴った播種祭ないしは田植祭の神話的表現であることについては、横田健一氏[36]の民俗例を紹介した詳論があるので、ここでは重ねて述べることはしない。その祭儀に犠牲獣の血を用いるのは、赤色もふくめて血を霊威あるものと信じていたからであろうが、その犠牲が他の獣でなく鹿でなければならなかったのは、鹿が復活・再生を象徴する霊獣として崇敬されていたためと考えられる。

次に、呪術的な卜占のために行なわれる儀礼的狩猟として「祈狩《うけいがり》」があった。『日本書紀』神功皇后摂政元年二月条は、麛坂《かごさか》王・忍熊《おしくま》王が仲哀天皇死去の報を得て兵を興した時のこととして、次のように伝えている。

> 時に麛坂王・忍熊王、共に菟餓野《とがの》に出でて、祈狩《うけひがり》して曰はく、（訓注略）「若《も》し事を成すこと有らば、必ず良き獣を獲む」といふ。二《ふたり》の王各仮庪《さずき》に居します。赤き猪忽《たちまち》に出でて仮庪に登りて、麛坂王を咋《く》ひて殺しつ。軍士《いくさびと》悉《ふつく》に慄《お》づ。（後略）

『古事記』仲哀天皇段にもほぼ同じ記述があることから、この伝承は旧辞より出たものと思われ[37]るが、祈狩の祈《うけい》とは言語による呪術的な卜占のことである。[38]具体的には、「あらかじめA・B二つの事態を予測し、現実にAが起れば神意はA′にあり、Bが起れば神意はB′にあると、前以て定めておき」[39]、神意の所在を判断する呪術的卜占法のことである。

要するに、祈狩とは狩猟を用いて神意を判断する方法のことであるが、「若し事を成すこと有らば、必ず良き獣を獲む」と祈をたてて行なった麛坂王・忍熊王の狩猟の結果は、「赤き猪」（『古事記』では「大きなる怒猪」）が現われて麛坂王を咋い殺し、神意は凶と出た。猪は祈狩の獲物として「良き獣」ではなかったわけだが、何が「良き獣」とみられていたかについては後述する。

ところで、この祈狩の行なわれた菟餓野（神戸市兵庫区）は夢野ともよばれたと伝えられる。『摂津国風土記』逸文（『釈日本紀』所引）雄伴郡刀我野条の説話については前章に触れたが、刀我野（菟餓野）に棲む牡鹿が見た夢について妻の牝鹿が「夢相《いめあわせ》」をしたので刀我野を夢野ともいうようになったとある。『日本書紀』仁徳天皇三十八年七月条にも「俗曰」としてほぼ同様な鹿の「相夢」説話が記載されているが、もちろん史実ではない。しかし、鹿を人に置き換えるならば、これらの説話から摂津国刀我野で「夢相」の行なわれたことが推察できよう。刀我野＝夢野は「夢相」の夢を見るために宿籠する場所(40)であったと考えられる。

夢相とは夢判断、夢による呪術的な卜占（夢占の一種）のことであるが、これが行なわれた社会では現代のように夢を非現実のものとみるのではなく、夢は現実と一続きのものであって現実を左右する力をもつと信じられていた。西郷信綱氏(41)によると、その具体的方法は、見た夢の内容のよしあしが問題なのではなくて、その夢の合わせ方が大事であるという。つまり、夢相の本義は、見た夢を解釈することであり、それは適確な判読によって夢を現実に的中させることであって、悪く合わせるとどんな吉夢も吉夢でなくなってしまう。換言すれば、夢を解読してその未来を先取りしようとする呪術的な予言・卜占である。「刀我野に立てる真牡鹿も、夢相のまにまに」（『摂津国風土記』逸文）、「鳴く牡鹿なれや、相夢の随に」（『日本書紀』）という諺《ことわざ》は、まさに、夢の合わせ方しだいで牡鹿の運命が左右されることを言ったものである。なお、刀我野では祈狩も夢相も行なわれていたのであり、同一の事柄についてより的確な神意を知るために、祈《うけい》と夢相《ゆめあわせ》という二つの呪術的な卜占が重ねて行なわれることもあったのである。(42)

いずれにしても、刀我野での祈狩といい、夢野という異称の起源となった夢相といい、異名同所での呪術的卜占にまつわる説話が別個に伝えられていることは、単なる偶然とは思えない。おそらく、摂津の刀我野は王家の禁苑的猟場であっただけでなく、祈狩や夢相といった呪術的卜占の行なわれる宗教的な聖地ではなかったかと推考される。

海幸彦が狩りに出、山幸彦が釣りに出かけたがともに獲物がなく、釣針を紛失した山幸彦が海神《わたつみ》宮を訪問するという海幸彦・山幸彦神話は著名である。『日本書紀』や『古事記』が伝えるこの神話は海神宮訪問、潮満瓊《しおみちのたま》・潮涸瓊《しおひのたま》や隼人の俳優《わざおぎ》起源などさまざまな要素が習合した複雑な物語になっている。それらの問題については先学の研究(43)に譲り、ここでは海幸彦・山幸彦の物語が展開するうえで、狩猟と漁撈の獲物（幸）を比較することによって神意を判断する幸占《さちうら》が発端になっていることのみを指摘しておく。

ところで、類似した幸占神話が『常陸国風土記』にも伝えられている。同風土記多珂《たか》郡道前《みちのくち》里飽田《あきた》村条には、

古老のいへらく、倭武《やまとたける》の天皇、東の垂《さかひ》を巡りまさむとして此の野に頓宿《やど》りたまひしに、人あり、奏《まを》ししく、「野の上《ほとり》に群《む》れたる鹿、数なく甚多《いとさは》なり。其の聳《そび》ゆる角は、蘆枯《かれあし》の原の如く、其の

吹《いぶ》く気《いき》を比《たと》ふれば、朝霧の丘に似たり。又、海に鰒魚《あはび》あり。大きさ八尺ばかり、幷《また》諸種《くさぐさ》の珍しき味《あぢは》ひ、遊漁《うをのあそび》の利《さち》多し」とまをしき。是《ここ》に、天皇、野に幸《いでま》して、橘の皇后を遣《や》りて、海に臨みて漁《すなど》らしめ、捕獲《えもの》の利《さち》を相競ひて、山と海の物を別《わ》き探りたまひき。此の時、野の狩は、終日《ひねもす》駈《か》り射《い》けれども、一つの宍をだに得たまはず、海の漁は、須臾《しまし》がほど才《わづか》に採りて、盡《ことごと》に百の味を得たまひき。猟と漁と已《すで》に畢《を》へて、御膳《みつけもの》を羞《すす》めまつる時に、陪従《おもとびと》に勅《の》りたまひしく、「今日の遊は、朕《われ》と家后《きさき》と、各、野と海とに就きて、同《とも》に祥福《さち》（訓注略）を争へり。野の物は得ざれども、海の味は盡《ことごと》に飽き喫《くら》ひつ」とのりたまひき。後の代、跡を追ひて、飽田の村と名づく。

とあり、結末は、飽田の地名起源説話に変容しているが、倭武と橘皇后が猟と漁で幸占を行なった[44]と伝えている。

ここで主人公が倭武と橘皇后となっているのは後世的知識による潤色であり、本来はこの地方の一対の男（神）・女（神）であったとみられる。その山幸は蘆枯のごとき角をもち朝霧のような息をはく神々しい鹿であり、海幸は八尺もある大鰒であったが、結果は狩猟（男）は不猟、漁撈（女）は豊漁であった。この不猟と豊漁という結果にもとづいて、どのように神意が判断されたのか分明ではない。こうした猟と漁の幸占は、狩猟や漁撈の成否が単に個人的技能の巧拙のみによるのではなく、神の意志、一種の霊力によるとの信仰を背景とする。このように漁撈と対になり、その獲物によって神意を判断する儀礼的な狩猟も行なわれたのである。

こうした呪術的な卜占儀礼としての狩猟のほかに、支配者が一定領域を占有し、その地域の支配権を掌握していることを表わす、政治儀礼としての狩猟があった。これは神や王を主体にした巡狩儀礼説話のかたちをとることが多く、(45)『播磨国風土記』をはじめ風土記に多くみられるものであるが、ここでは『日本書紀』の一例についてみてみよう。『日本書紀』雄略天皇四年二月条には、

天皇、葛城山に射猟《かり》したまふ。忽《たちまち》ちに長き人《たきたか》を見る。来りて丹谷《たにかひ》に望めり。面貌容儀《かほすがた》、天皇に相似れり。天皇、是《これ》神なりと知しめせれども、猶 故《ことたへ》に問ひて曰はく、「何処《いづこ》の公《きみ》ぞ」とのたまふ。長き人、対《こた》へて曰はく、「現人之神《あらひとがみ》ぞ。先づ王の諱《みな》を称《なの》れ。然して後に導《い》はむ」とのたまふ。天皇、答へて曰はく、「朕《われ》は是、幼武 尊《わかたけのみこと》なり」とのたまふ。長き人、次に称《なの》りて曰はく、「僕《やつかれ》は是、一事主神《ひとことぬしのかみ》なり」とのたまふ。遂に与《とも》に遊田《かり》を盤《たのし》びて、一の鹿を駈逐《お》ひて、箭発《やはな》つことを相辞《ゆづ》りて、轡《うまのくち》を並べて馳騁《は》す。言 調《ことことば》 恭《ゐやゐや》しく恪《つつし》みて、仙《ひじり》に逢ふ若《ごと》きこと有《ま》します。是《こ》の時に、日晩《く》れて田罷《かりや》みぬ。神、天皇を侍送《おく》りたてまつりたまひて、来目《くめ》水までに至る。是《ここ》に、百《おほみ》姓《たから》、咸《ことごとく》に言さく、「徳《おむおむ》しく有します天皇なり」とまうす。

とあり、かなり令制的天皇観による潤色をうけた部分もあるが、雄略天皇が葛城山で射猟《かり》をしたときに一事主神が顕現し、共に一鹿を逐ったと伝えている。これの異伝とみられる『日本書紀』雄略天皇五年二月条は、

天皇、葛城山に校猟《かり》したまふ。霊《あや》しき鳥、忽に来れり。其の大きさ雀の如し。尾長くして地に

曳《ひ》けり。且《かつ》鳴きつつ曰はく、「努力努力《ゆめゆめ》」といふ。俄《にわか》にして、逐《お》はれたる嗔猪《いかりゐ》、草中より暴《あからさま》に出でて人を逐ふ。猟徒《かりびと》、樹に縁《のぼ》りて大きに懼《おそ》る。天皇、舎人《とねり》に詔して曰はく、「猛き獣も人に逢ひては止《や》む。逆射《まちい》て且《また》刺《さしとど》めしめよ」とのたまふ。舎人、性懦《おぢな》く弱くして、樹に縁《のぼ》りて失色《おもへあやま》りて、五情無主《こころおぞげ》なり。嗔猪、直《ただ》に来て、天皇を噬《く》ひまつらむとす。天皇、弓を用て刺《つ》き止《とど》めて、脚を挙げて踏み殺したまひつ。是に田罷《かりや》みて、舎人を斬らむとしたまふ。（後略）

とあり、雄略天皇が葛城山で狩猟をしたときに猪が暴れ出たので、猟徒と舎人が樹上に逃げ登ったと記している。

『古事記』雄略天皇段にもほぼ同様の記事が載っているが、『古事記』が『日本書紀』と異なる点は、二つの記事の記載順序が逆であること（猪の暴出が先）、暴れ猪に追われて樹上に逃げ登ったのは舎人ではなく雄略天皇自身であることの二点である。雄略天皇自身が樹上に逃げたとする『古事記』が内容的にはより古いかたちを伝えているとみられているが、『古事記』『日本書紀』がともに雄略天皇の葛城山での狩猟について二つの出来事（一事主神の顕現・猪の暴出）を記載する点では共通している。しかし、これら二つの記事は、本来は一つの事柄についてのいわば表裏の関係をなす異伝ではなかったかと考えられる。『日本書紀』は、

四年春二月、天皇射猟於葛城山。

五年春二月、天皇校猟于葛城山。

と記し、『古事記』も、

又一時、天皇登幸葛城之山上。

又一時、天皇登幸葛城山之時。

と記すように、両書ともに二つの記事がほぼ同じ字句の書き出しで始まっており作為的であるのも参考になる。たぶん、一事主神（『古事記』は一言主神）顕現は王家の側に重点を置いた、猪の暴出は在地氏族（葛城氏か）の意向が反映した伝承であったと推考される。いずれも本来は、雄略天皇が葛城地方の支配権掌握を示威するために行なった政治儀礼的な狩猟にまつわる、王権と葛城氏の葛藤を伝えたものであろう。(46) 猪の暴出は雄略天皇の試みが失敗に終わったことを示唆し、一事主神の顕現の場合も狩猟の成果については何ら記さず、また同神に雄略天皇が刀や弓矢を奉献したと伝えることなどから、必ずしもそれが成功であったとは主張していないようである。なお、ここでも祈狩の場合と同様、儀礼的な狩猟の獲物として暴出した猪は負の価値を象徴するものであった。

『播磨国風土記』揖保郡欟折《つきをれ》山条は、

品太《ほむだ》の天皇、此の山に狩したまひ、欟弓を以ちて、走る猪を射たまふに、即ち、其の弓折れき。故、欟折山といふ。

と、欟折山の地名起源説話を記している。猪を射ようとした応神天皇（品太の天皇）の弓が折れたのであるから狩猟は失敗に終わったのであり、ここでも猪は負の価値を象徴する。次に、これは狩猟ではないが、『古事記』景行天皇段には、伊服岐能山《いぶきのやま》で白猪が出現し大氷雨を降らせて倭建命《やまとたけるのみこと》を打ち惑わせたと伝えられるが、猪は、神使あるいは神の化現とされる場合でも、人間に危害を加える恐ろしい獣であった。これに反し、先に『常陸国風土記』多珂郡道前里飽田村条でみたように、鹿は神々しさが強調され、たとえ鹿が人間と敵対する場合でも人間が先に危害をくわえたからであった（『日本書紀』景行天皇四十年是歳条のヤマトタケルに蒜《ひる》を投げられた白鹿）。

このように、儀礼的狩猟獣としての猪と鹿に対する古代人の宗教的観念・態度は大きく相違していたが[47]、その理由は明瞭ではないものの、鹿を霊獣視する観念と無縁ではなかろう。祈狩における「良き獣」とは霊獣視された鹿であり、鹿は儀礼的な狩猟の獲物としては、正の価値の象徴であった。だからこそ、雄略天皇と一事主神が共に一鹿を逐ったとき、両者の関係は平穏であった。

これらのほかに政治儀礼的狩猟伝承としては、『日本書紀』景行天皇四十年是歳条が伝える、「是の野に、麋鹿《おほしか》甚だ多し。気《いき》は朝霧の如く、足は茂林《しもとはら》の如し。臨《いでま》して狩りたまへ」と誘い出された日本武尊《やまとたけるのみこと》の駿河国焼津での狩猟も、その史実性を除外すれば、「則ち悉に其の賊衆《あたども》を焚《や》きて滅しつ」とあるように、日本武尊の焼津地方の政治的制圧を象徴するものであった。

また、『日本書紀』允恭天皇八年二月条には、天皇が衣通郎姫《そとおしのいらつめ》のために河内（和泉）に茅渟《ちぬ》宮を造営し、しばしば同宮に行幸して日根野で遊猟をしたと伝えられる。これも允恭天皇と衣通郎姫との単なるロマンスを伝えるものではなく、政治性をもつ宮の造営[48]と狩猟が一連のものと記されていることからすれば、允恭天皇が茅渟地方（大阪府南部地域）の支配権を手中におさめたことを象徴する狩猟（伝承）であったとみられる。顕宗天皇・仁賢天皇兄弟の流離《りゅうり》は、彼らの父の市辺押磐《いちのべのおしは》皇子が雄略天皇に近江の来田綿《くたわた》の蚊屋野《かやの》での狩猟に誘い出されて射殺されたことに始まると、『古事記』『日本書紀』は伝えている。これも、雄略天皇と市辺押磐皇子の近江南部地域の支配権をめぐる政治的な争いが、狩猟の場で決せられたことを表わしているといえよう。

さらに、『日本書紀』応神天皇十三年九月一云条、同二十二年九月条、履中天皇五年九月条、および允恭天皇十四年九月条に、各天皇の淡路島での狩猟が記されている。これらの狩猟伝承がいずれも九月条に記載されていることは作為を感じさせる反面、何やら意味ありげでもあって、真偽のほどは明らかではないものの、五世紀頃の大和王権の大王にとって淡路島での九月の狩猟が重要な政治的儀礼ないしは宗教的行事であった(49)ことだけは、朧気《おぼろげ》ながらも理解される。

淡路島は古くから大和王権に海の幸を貢進しただけでなく、王家の猟場であるとともに大王への鳥獣貢献の義務を負っていたとみられ(50)、令制下の調の「宍一千斤」（延喜主計式）というのは淡路国だけである。右の伝承は、淡路国三原郡に延喜式内名神大社「大和大国魂神社」が鎮座することと関わるのではないかとも考えられるが、宗教性を帯びながらも政治的意味合いの強い淡路島での儀礼的狩猟が、大和王権の王者にとって不可欠だった時期があったのであろう。

これらはいずれも、『古事記』や『日本書紀』に伝えられる政治儀礼的な狩猟伝承であるが、次

に風土記のそれをみてみよう。まず、『播磨国風土記』宍禾《しさは》郡々首条には、

伊和《いわ》の大神、国作り堅め了《を》へましし以後、山川谷尾《たにを》を堺ひに、巡り行《い》でましし時、大きなる鹿、己《おの》が舌を出して、矢田の村に遇《あ》へりき。爾《ここ》に、勅《の》りたまひしく、「矢は彼の舌にあり」とのりたまひき。

とあり、伊和大神が国を作りかためたあと境界を決めるために巡行していたときに、舌を出した大きな鹿に出会ったと伝えている。具体的な狩猟行為については記さないが、矢が鹿の舌にあったというのであるから、狩猟にともなう出来事であったことは明らかである。同じく、賀毛郡鹿咋《かくひ》山条にも、

品太の天皇、み狩に行でましし時、白き鹿、己が舌を咋ひて、此の山に遇へりき。

とあり、応神（品太の天皇）が狩猟に出かけて舌をかんだ（出した）白鹿に出会ったと伝えている。

両方とも地名起源説話に変容しているが、本来は神や王者の土地占有を意味する儀礼的狩猟伝承であり、そこに出現した鹿はその土地の地主神を象徴するものであった。白鹿とは神聖視した表現であるが、舌を出すことは拒否・拒絶を意味する。つまり、その鹿が舌を出したというのは、神や王の土地占有に反対・敵対する在地勢力が存在したことを神話的、象徴的に表現したものである。

また、同風土記託賀《たか》郡比也《ひや》山条には、

品太の天皇、此の山にみ狩したまひしに、一つの鹿、み前に立ちき。鳴く声は比々《ひひ》といひき。

天皇、聞かして、即ち翼人《いめひと》を止めたまひき。

とあり、応神天皇が比也山へ狩に出かけたところ、目前に一鹿が出現して「比々」と鳴いたので狩猟を中止したと伝えている。これも伝承本来の意味が忘れられて「比也」の地名起源説話となっているが、元来はこの地の土地占めを象徴する儀礼的狩猟に関する説話であったとみられる。この場合も、鹿が鳴いた（口を開けて舌を出した）ので狩猟を中止したとあることからみて、土地占めがうまく行かなかったことを語るところに説話の本来の主眼があったと考えられる。これらは、いずれも不成功に終わった『播磨国風土記』所載の政治的な儀礼的狩猟伝承であるが、風土記に伝えられる儀礼的な狩猟の本来の主格は天皇ではなく、伊和大神のような在地の神や豪族の祖先たちであったと推察される。

これまで述べてきた呪術宗教的あるいは政治的な儀礼的狩猟のほか、古代日本の儀礼的狩猟としては薬猟があった。薬猟は、古代中国の道教信仰にもとづく採薬習俗が高句麗の儀礼的狩猟と習合し、それが日本に受容されて成立したとみられている。[51] 薬猟は『日本書紀』推古天皇十九年五月五日条を史料上の初見とし、のちに宮廷儀礼化する。この薬猟の主たる獲物は鹿、特に滋養強壮剤として勝れた薬効をもつ鹿茸《ろくじょう》（鹿の袋角＝若角）の採取を第一の目的とするものであった。[52] 先に一部を引用したが、『万葉集』巻十六の「乞食者詠《ほかひひとのうた》二首」のうちの薬猟をうたった長歌（三八八五）は、興味深い内容である。

愛子《いとこ》　吾背《なせ》の君　居り居りて　物にい行くとは　韓国《からくに》の　虎とふ神を　生取《いけ》りに　八頭取り持ち来　その皮を　畳に刺し　八重畳　平群の山に　四月と　五月との間に　薬猟　仕ふる時に　あしひきの　この片山に　二つ立つ　櫟《いちひ》が本に　梓弓《あづさゆみ》　八つ手挾《たばさ》み　ひめ鏑《かぶら》　八つ手挾み　鹿待つと　わが居る時に　さを鹿の　来立ち嘆かく　頓《たちまち》に　われは死ぬべし　王に　われは仕へむ　わが角は　御笠のはやし　わが耳は　御墨の坩《つぼ》　わが目らは　真澄の鏡　わが爪は　御弓の弓弭《ゆはず》　わが毛らは　御筆はやし　わが皮は　御箱の皮に　わが宍は　御膾《なます》はやし　わが肝も　御膾はやし　わが胘《みげ》は　御塩のはやし　耆《お》いたる奴　わが身一つに　七重花咲く　八重花咲くと　申し賞《はや》さね　申し賞さね

この長歌は左注に「右の歌一首は、鹿の為に痛《いたみ》を述べて作れり」とあることから、農耕に害を与える鹿を退散させる呪言(53)、あるいは害獣である鹿が人間に服従を誓う農耕儀礼(54)、さらには焼畑農耕の豊作祈願の神事として山人の間で発生し育まれた儀礼についてうたったもの(55)、といった害獣としての鹿と農耕儀礼とを中心にした理解も行なわれている。『豊後国風土記』速見郡頸峯《くびのみね》条には、苗を食う鹿を田主が柵を造って捕えたとあり、『万葉集』にも、巻十の「あしひきの山の常《と》陰《かげ》に鳴く鹿の声聞かすやも山田守《も》らす児」（二一五六）をはじめ、山田を猪や鹿の害からまもることをうたった和歌がいくつか収録されている。したがって、猪や鹿が山間部の田畑に害を与え農民を悩ませたことは確かである。

しかし、この長歌には害獣としての鹿、あるいは農耕に関する表現が一切みられず、歌の内容から右のような理解をみちびくことは不可能である。これは乞食者や薬猟の本義を忘れた理解であり、この歌は、そのなかにうたわれているとおり、四、五月頃の平群山での薬猟の獲物である鹿を主題にしたものであり、得た鹿を解体して参会者がともにこれを食する共食儀礼の場において、あるいはそれを想定して詠まれたものと考えられる。そのことは、この長歌の題詞に儀礼の場でめでたい寿詞《よごと》を奏上することを任とした「乞食者詠」とあることからも理解される。これと対になる三八八六の長歌が、生命の復活・長生を象徴する霊的生物として崇敬された蟹《かに》をほめたたえた寿歌であるのも、傍証となろう。

ともかく、この歌から、狩猟で捕獲した鹿の角・爪・毛・皮・肉・肝・肱（胃）などが、笠・弓弭・筆・箱などや膾や塩辛といったものに加工、利用されていたことがわかることは、先にも触れたとおりである。おそらく、薬猟では単に鹿茸を採取しただけでなく、この歌にあるように肉や内臓を膾や塩辛にして食したものとみられる。ただし、それは日常の食事として食したのではなく、それを食することによって鹿のもつ再生の霊力、永遠の生命力を獲得することを目的とした宗教的色彩の濃いものであった。

要するに、この「乞食者詠二首」は、再生と永遠なる生命を象徴する鹿や蟹が単に人間に奉仕することを言祝《ことほ》ぐ(56)だけでなく、それらを食する人々の長生を言祝ぐ寿詞、寿歌である。つまり、鹿や蟹が人間に奉仕することをほめたたえているというよりは、それらを食する人間の長生を言祝いでいるのである。

以上、日本古代の儀礼的狩猟について述べてきたが、その狩猟獣はいずれも鹿であった。日本武尊が焼津で狩ろうとした鹿は「気《いき》は朝霧の如く、足は茂林《しもとはら》の如」[57]き様であり、市辺押磐皇子が雄略天皇に誘い出された近江の蚊屋野には、「猪鹿、多《さは》に有り」とあるものの「其の戴げたる角、枯樹の末《えだ》に類《に》たり。其の聚《つど》へたる脚、弱木《しもと》株《はら》の如し。呼吸《いぶ》く気息《いき》、朝霧に似たり」[58]と、神々しい鹿の姿のみが記されている。そして、「猪有り」との雄略天皇の呼びかけに油断した市辺押磐皇子は射殺されたのであり、神々しい鹿に反してここでも猪は負の価値を象徴するものであった。

これらのことから、儀礼的狩猟の獲物は猪などでは効果がなく鹿でなければならないとする、古代人の観念の存在したことが推測される。こうした古代人の鹿に対する観念・態度は、その神々しい様が強調されていることからも理解されるように、鹿を霊獣視する思想と無関係ではなかろう。要するに、霊獣として崇敬されていたからこそ、鹿が儀礼的狩猟で正の価値を象徴する獲物とされたのである。[59]

なお、前章でも触れたが、参考までに『三国史記』の朝鮮三国の狩猟伝承を検してみると、「新羅本紀」では狩猟記事はわずかであるが、「高句麗本紀」と「百済本紀」には王みずからの狩猟伝承が多く記されており、高句麗・百済両国において王の狩猟の占めていた位置の重さが推測される。[60]

もちろん、記事の信憑性に疑問は少なくないが、狩猟に対する観念や態度を窺うことは可能である。『三国史記』に記された両国の王の狩猟が単なる遊興ではなく儀礼的なものであったことは、「高句麗本紀」大武神王三年条に、

九月、王が骨句川《こつく》〔の河原〕で田猟《かり》し、神馬を手に入れ、〔それに〕駏驤《こる》と名づけた。

とあり、「百済本紀」東城王五年条に、

夏四月、〔王は〕熊津の北で田猟し、神鹿をとらえた。

とあることなどから明らかである。これら両国の王の狩猟は政治的、宗教的色彩の濃い儀礼的なものであり、おそらくはその地域の霊的な象徴とみなされた神聖な獣の捕獲を目的とするものであったと考えられる。

その狩猟の結果〔獲物〕については、ほぼ半ばは記すところがないが、「百済本紀」が記す狩猟獣はほとんどが鹿、「高句麗本紀」では鹿と獐《のろ》〔シカ科の小形獣〕が半々であり、いずれも白鹿・白獐と、神聖さを強調した表現が多いのも留意される。要するに、高句麗と百済では王者の儀礼的狩猟の獲物としては鹿〔ないしは獐〕が最もふさわしいとする思想があったと推察され、古代日本の儀礼的狩猟について考察するうえでも参考となろう。

四　鹿の貢進

儀礼的狩猟の主たる獲物とされた鹿は、令制下でも朝廷への動物関係の貢献品のなかで最も数量が多い。そこで、令制下の獣類の貢進について一瞥《いちべつ》すると、まず『令集解』賦役令雑徭条所引「古記」の「御贄獦贄送」が注目される。徐々に肉食が忌避されていく令制下でも、水産物や菓菜類を主体とする「御贄《みにえ》」と区別された「獦贄《かりにえ》」、つまり、狩猟の獲物が贄として貢進されていたことが知られる。この獦贄に関わるとみられる木簡も出土しているが(61)、先に触れた『続日本紀』天平宝字八年十月甲戌条の狩猟禁止および魚・獣・蒜の貢進停止令のなかにみえる「御贄雑完（ママ）」の「雑完」も、獦贄と無縁なものではないと考えられる。

令制下の獣類貢進に関して次に留意されるのが、天平十年(七三八)度『淡路国正税帳』断簡(A)(62)の贄貢進担夫についての記載である。関係部分のみを引用すれば、

若椒御贄壱荷担夫壱人
正月二節御贄壱拾伍荷担夫壱拾玖人
廝丁肆人合弐拾参人　柄宍四頭々別充担夫二人

とあり、このときに淡路国の御贄を運んだのは若椒《はじかみ》一荷に担夫一人、正月二節(正月元旦と七日

または十六日）の御贄十五荷に担夫十九人と廝丁四人の小計二十三人、合計二十四人であった。この正月二節御贄十五荷のうち四荷は「柄宍」であり、一柄宍について担夫二人が充てられ計八人で四柄宍を担っているから、残り十一荷（品目は不明）を十一人で担ったことになる。

この柄宍をエノシシとよんで「猪のこと」[63]、あるいは「イノシシの肉を柄に通してもの」[64]と解されているが、猪をわざわざ柄宍と記すのも不審である。『播磨国風土記』託賀郡阿富《あふ》山条に「朸《あふこ》を以ちて、宍を荷ひき。」とあり、また柄宍を担うのに頭別二人の担夫が充てられていることなどから、それは二人で担うために朸《おうこ》（になない棒）に通した宍と解するのが合理的である。おそらく、正月に宮廷で食される鹿か猪の四足を結えた中に朸を通し、二人で担いやすくしたもの[65]であったから「柄宍」と表記されたものとみられる。

淡路国が天平十年に正月二節御贄として四頭の鹿または猪を貢進していたことは、淡路国が調として年間一千斤の宍を納める規定（延喜主計式）であったこととともに注目されるが、一千斤の宍がどのような獣の肉であったから明らかでない。

ところで、延喜宮内式の諸国所進御贄条によると、淡路国は大和・志摩・若狭・紀伊の諸国とともに年中旬料を、また参河・若狭・紀伊の諸国とともに正月三節料を貢進することになっていた。延喜内膳式の正月三節には、

薢葛味醤漬苽。糟漬苽。鹿完《（ママ）》。猪完《（ママ）》。押鮎。煮塩鮎。瓷盤七口。高案一脚。

右従二元日一至二于三日一供之。

とあって、正月三ヶ日は味噌漬や粕《かす》漬の苽《うり》、鮎の加工品のほかに鹿や猪の宍を御膳に供ずる規定であったが、同式の節料条によると、この正月三ヶ日の鹿・猪の宍を貢進したのは淡路国ではなくて近江国であった。これらの規定がいつまで遡るのか明らかではないが、十世紀前半まで正月の天皇の食膳に規定どおり鹿・猪の宍の供されていたことが確かめられる。このように令制下の天皇が鹿や猪などの肉を食することに固執したのは、単に肉食の普遍性によるだけでなく、それが獦贄《かりにえ》だったからである。(66)

獦贄は、神への狩猟獣（特に初物）を奉献する神事、あるいは地域首長の政治的支配権掌握を示唆・象徴する儀礼的狩猟、ないしは土地霊を象徴する狩猟獣を首長に供献する儀礼に始源し、政治的統一が進展するなかで服属儀礼的な意味も付加された供献物になっていったとみられる。令制下の天皇が、たとえ儀礼的であっても、地方から供献される獦贄の鹿や猪を食さねばならなかったのは、それが天皇の地方支配を形式的、儀礼的に確認することでもあったためである。このように、肉食を汚穢なこととする思想傾向が顕著にな時代にあっても、天皇は地方から貢進されてくる鹿や猪の肉を政治的支配の具現化の儀礼として食さなければならなかったのである。

ところで、『延喜式』の規定によると、諸国から貢進される狩猟獣関係の品々のなかでは鹿がその大半を占める。たとえば、捕獲頭数では鹿よりも多かったとみられる猪の貢進は、『延喜式』に

鹿製品の貢進（延喜主計式・同民部式・同典薬式・同主計式等による）

国名	交易雑物 鹿皮	交易雑物 鹿革	交易雑物 鹿角	年料雑薬 鹿角	年料雑薬 鹿茸	中男作物
摂津				四		
伊賀	二〇					
尾張	一〇	二〇	一〇			
参河		六〇				
遠江	一〇	三〇				
駿河		四〇				
伊豆	三〇					
甲斐	三〇	一〇				鹿脯
相模	二〇	二〇	一〇			
武蔵	一五	六〇				
安房		二〇				
上総	五〇		一〇			
下総		二〇				
常陸	二〇		一〇			
美濃		三〇			七	
信濃	九〇				一〇	
上野		六〇				
下野			一〇			
能登	一〇					
丹波		一〇		一		
丹後		一〇				
因幡	一〇					
出雲	二〇	二〇				
石見		三〇				
播磨		五〇		一	一	
美作	二〇	一〇	一〇	一		
備前	一〇	二〇	一〇			
備中	五〇			二		
備後			一〇			
安芸	二〇	二〇				

周防		二〇				
長門		二〇				
紀伊		一〇				鹿脯・鹿鮨
讃岐	一五（鹿子皮）	二〇		五	五	
伊予	一〇	五〇				
筑前						鹿脯・鹿鮨
肥後						鹿脯
豊前						鹿鮨
豊後						鹿脯・鹿鮨
大宰府	鹿毛筆五六〇管（年料別貢雑物）					

※単位・皮革は張、交易の鹿角は枚、年料の鹿角・鹿茸は具。

よると、猪脯（阿波―中男作物）[67]・猪鮨（豊前・紀伊―中男作物）・猪脂（甲斐・信濃―交易雑物）・猪膏（大宰府―交易雑物）・猪蹄（相模・飛騨・備中―年料雑薬）・猪皮（伊豆―交易雑物。紀伊・伊豆―臨時祭）等であり、加工品目数では鹿とならぶものの貢進数量では遙かに及ばない。

右の表は、『延喜式』をもとに鹿製品の貢進を一覧表にしたものであるが、全国のほぼ三分の二の国々（三十九ヵ国と大宰府）から、鹿の肉の加工品・皮・革・角・茸・筆（毛）[68]などが貢進されていたことがわかる。[69]このほかに、伊豆と紀伊の両国は「以二神税一交易所レ進祭料」としておのおの鹿皮三十張（延喜神祇式臨時祭）を、また先述したが近江国は正月節料として鹿・猪を、淡路国は調として一千斤の宍を、さらに大宰府は二斗三升一缶の宍醢《ししびしお》（延喜内膳式）を貢進する規定であった。[70]いずれにしても、令制下でも鹿を中心に狩猟獣の製品が数多く貢進されていたのである。これは、単に狩猟がさかんであったとか、朝廷にとって必要物であったということ以外に、令制下でも狩猟

令制下の祭祀における鹿皮・鹿角の使用
（延喜神祇式による）

祭　祀　名	鹿皮・鹿角の使用数
祈年祭	社 198 所に各座別鹿角 1 隻
鎮花祭	大神社に鹿皮10張，鹿角 3 頭
	狭井社に鹿皮10張，鹿角 4 頭
三枝祭	鹿角 1 頭
風神祭	鹿皮 4 張，鹿角 2 頭
月次祭	社 198 所に各座別鹿角 1 隻
大祓	鹿皮 6 張，鹿角 3 頭
道饗祭	鹿皮 4 張
霹靂神祭	鹿皮 4 張
鎮新宮地祭	鹿皮 5 張
羅城御贖	鹿皮 8 張
宮城四隅疫神祭	鹿皮 4 張
畿内堺十処疫神祭	堺別に鹿皮 1 張
蕃客送堺神祭	鹿皮 2 張
障神祭	鹿皮 4 張

獣の貢献が政治的にも重要な意味をもつものであったことを示すものである。あるいは、そのなかには獦贄と同様、もとは服属儀礼に関わる貢献品に始源するものも含まれていたのではないかと推測される。[71]

なかでも鹿皮革の多さは注目される。鹿皮革は祭祀用品・装身具・調度品・武具・馬具・部材などあらゆる方面に多用されたが、特に祭祀用として使用される事例と量がともに他の獣の皮革を凌《しの》いでいたことが指摘されている。[72] 祭祀に鹿皮を用いた確かな史料は『日本書紀』天武天皇五年八月条の「大《おほ》解除《はらへ》」であるが、延喜神祇式によれば令制下の各種の祭祀にも鹿角や鹿皮が多用されている。右の表はそれをまとめたものであるが、このほかに伊勢太神宮・斎宮・践祚《せんそ》大嘗祭などでも鹿製品が祭料や祓料として用いられている[73]。これらのなかには令制前に遡ることが確かめられない祭祀のあることも考慮しなければならないが、これだけ多くの祭祀に多量の鹿角や鹿皮が使用されたということは、やはりそれだけの理由があったと考えなければならない。それは単に鹿が多数捕獲されたとか、鹿製品が有用だったというだけではなく、鹿角や鹿皮の宗教的価値の高さをも示すものである。つまり、古代人の鹿に対する伝統的観念・態度の根強いことを反映したものであり、鹿に対する神聖視と信仰を裏づけ補強するもの[74]といえる。

祭祀に用いられた鹿皮・鹿角などは、祝詞《のりと》にいう「毛の和物《にこもの》・毛の荒物《あらもの》」の中心をなしていたとみられるが、『延喜式』所載の祝詞でこの語句を用いているのは、広瀬大忌《おおいみ》祭・龍田風神祭・道饗《みちあえ》祭・遷却祟神《たたりがみをうつしやる》などの祝詞である。このうち、龍田風神祭と道饗祭には実際に鹿皮や鹿角の使用されていたことについては先に触れたが、令制下の神祇祭祀においても獣製品の使用は必ずしも禁忌ではなかったのであり、これは祭祀に動物犠牲を用いること[75]と思想的な差異はほとんどない。しかしこれは、奈良時代以降に顕著となる獣の血や肉食を汚穢視する思想や態度と明らかに矛盾・対立するものであり、この対立・矛盾が当時の神祇政策のなかでどのように調整あるいは合理化されたかは明らかではない。

弥生時代以降の古代日本の社会が稲作農耕・米食を強く指向するものであったことは事実である

が、ただそれのみで社会が成立し完結していたわけではなかった。稲作農耕や米食を強く指向しながらも、焼畑農耕による雑穀栽培や漁撈・狩猟などによって補完され、それらが複合した社会であった(76)。稲作農耕文化複合の一要素として伝来したとみられる鹿を再生・長生を象徴する神聖な獣として霊獣視する思想は、祭儀における鹿の犠牲や儀礼的狩猟における正の価値の象徴、さらには令制下での多量の鹿製品の貢進などにみられるように、政治や宗教のうえで伝統的に大きな位置を占めてきた。

ところが、奈良時代頃から殺生を忌む仏教思想や獣の血・肉を汚穢視する神祇信仰などの広がりが政治のうえにも影響を与え、狩猟禁止や獣製品の貢進停止、肉食の忌避などの傾向となって支配者層に顕著となり、一般社会にも徐々に浸透していった。それとともに、鹿を霊獣視する思想も大和の春日大社や信濃の諏訪大社など一部の神社を除いて衰退していく。その反面、獣の血・肉だけでなくそれを取り扱う人やその加工に従事する職業、狩猟などを卑賤・穢悪視する観念が現われ、日本の文化や社会の負の側面となっていく。しかし、それ以前の狩猟や肉食の宗教や政治のうえに占めた重い位置は、従前の日本の古代社会に対する理解に再検討が必要であることを示唆している。なお、結果的にはそれを否定的方向に導く役割を果たした神祇信仰における獣の血・肉を汚穢視する観念、およびその対極に位置する清浄観が何にもとづくものであり、どのように形成されたのかについては不明な部分が多く、今後さらに考察を加えなければならない課題である。

第四章　喪葬と鳥

用明天皇二年（五八七）七月に勃発した蘇我・物部戦争は、蘇我馬子および蘇我氏系王家の覇権確立の戦いであった。両氏が戦争にいたる前、その対立が深刻化した契機について『日本書紀』敏《び》達《たつ》天皇十四年八月条は次のように伝えている。

秋八月の乙酉の朔己亥に、天皇、病彌《おも》留りて、大殿に崩《かむあが》りましぬ。是の時に、殯宮《もがりのみや》を広瀬に起《た》つ。馬子宿禰大臣、刀を佩《は》きて誄《しのびこと》たてまつる。物部弓削《ゆげ》守屋大連、听然而咲《あざわら》ひて曰はく、「猟箭《ししや》中《お》へる雀鳥《すずみ》の如し」といふ。次に弓削守屋大連、手《て》脚《あし》搖《わなな》き震《ふる》ひて誄たてまつる。（分注略）馬子宿禰大臣、咲ひて曰はく、「鈴を懸《か》くべし」といふ。是に由りて、二《ふたり》の臣《おみ》、微《やうやく》に怨恨《うらみ》を生《な》す。

敏達天皇が死去し、その殯宮が広瀬（大和国広瀬郡広瀬）にいとなまれたが、この殯宮での喪儀の際に蘇我馬子がした雀のような所作を物部守屋があざ笑い、反対に物部守屋の手脚を震わせた所作を蘇我馬子がからかったことから、二人は怨恨を深めたとある。こうした会話が実際に交されたか否か定かではないが、雀のような仕草や手脚を震わせる所作が当時の王や貴人の喪儀に行なわれたことまで疑う必要はない。問題は、なぜ蘇我馬子がこのときに雀のような所作をしたのか、それが何を意味しているのかということであるが、これを解く鍵は鳥霊信仰にある。

鳥霊信仰とは、鳥を神の使いとみたり、あるいは神や霊魂が鳥に乗って天上界や冥界へ自由に移動できると考え、さらには神や霊魂そのものが鳥形で顕現すると信じ、鳥をことさらに神聖視し、崇敬することをいう。こうした鳥霊信仰は、霊はその依《よ》るべき肉体や事物から自由に離れて他界へ飛翔《ひしょう》することができるという霊の自律性・不滅性に関わる最も原初的な思考と、鳥が天空を自由に飛翔するという生態の不思議さが結合して成立したものと考えられる。鳥霊信仰のもとでは、鳥の羽根や各種の鳥形が呪物とされ、それを用いた呪術や儀礼も行なわれた。シャマンは鳥の衣裳をまとい、鳥の羽根を插《さ》した冠帽を着けることによって鳥に変身することができるとともに、鳥のことばを理解したり他界へも自由に飛翔できるものと信じられていた(1)。

こうした鳥霊信仰は汎世界的な分布を示すが、古代日本にもそれが広く存在したことについては夙《つと》に多方面から指摘されているところである(2)。本章では、古代日本の喪葬と鳥霊信仰に焦点をあてて述べてみることにする。

一　古代日本の鳥霊信仰

縄文時代の鳥霊信仰の存在については定かでないが[3]、弥生時代には、銅鐸に水鳥の絵が描かれていること、鳥形木製品が出土していること、弥生土器に鳥装シャマンとみられる人物画が描かれていることなどから、鳥霊信仰が広く存在したことは明らかである。

たとえば、伝香川県出土鐸や奈良市秋篠出土鐸、静岡県悪ヶ谷出土鐸など、水鳥の描かれた銅鐸は一七個・二六羽を数えるが、銅鐸に描かれた水鳥は、人間界に稲種をもたらす穂落神を表わしているともみられている[4]。また、福井県井向出土鐸には先端に鳥形をつけた立柱（鳥杆）らしきものが描かれている。

弥生時代の鳥形木製品は、佐賀県の詫田西分遺跡、大阪府の山賀遺跡・池上遺跡・亀井北遺跡・鬼虎川遺跡・瓜生堂遺跡、京都府の深草遺跡、島根県の西川津遺跡などから出土している[5]。詫田西分遺跡[6]からは鳥形木製品のほかに銅鐸形土製品やト占に使用したとみられる鹿骨が、また鬼虎川遺跡[7]からは儀杖形や小刀形の木製品や銅鐸形土製品、銅鐸鋳型片なども出土しており、鳥形木製品が何らかの祭儀に使用されたことは確かであろう。なお、この鳥杆と、『三国志』魏書韓伝が大木を立て鈴・鼓をかけて鬼神をまつると伝える古代朝鮮の蘇塗《そと》との関係に留意しなければならないこと

図 11　銅鐸に描かれた鳥杆，x 紋様，鹿，舟など
（福井県井向出土）

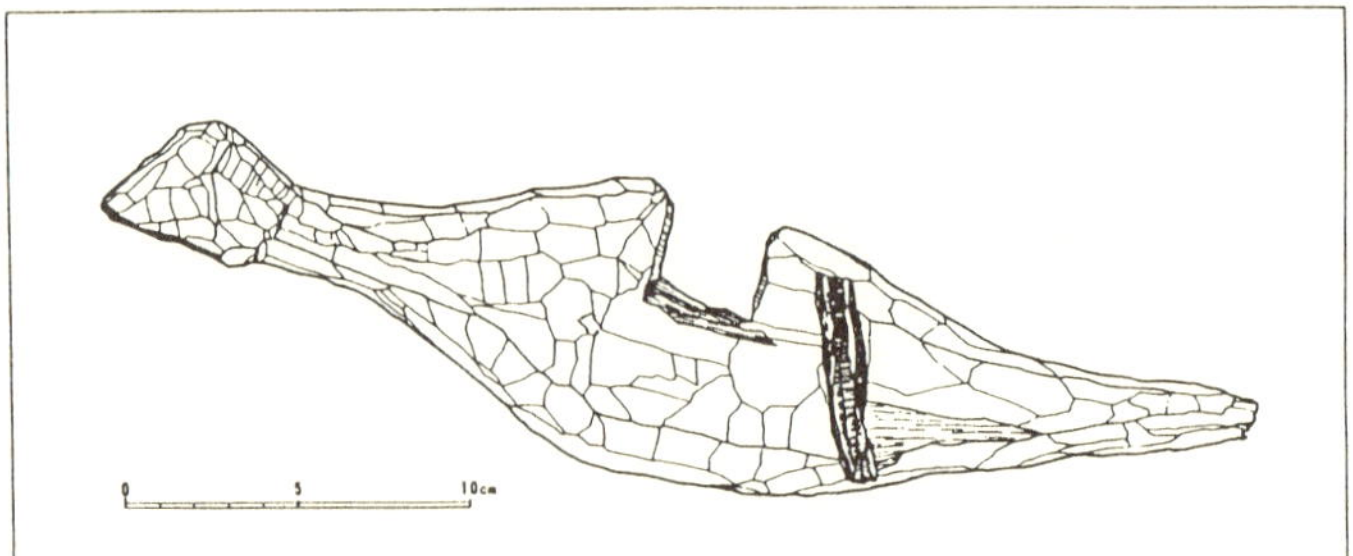

図 12　鳥形木製品（大阪府池上出土）

は、金関恕氏[8]や国分直一氏[9]らの指摘するところである。
　また、鳥装シャマンを描いたとみられる弥生土器が、奈良県の清水風遺跡、坪井遺跡や唐古・鍵遺跡、鳥取県の稲吉（角田）遺跡、岡山県の新庄尾上遺跡などから出土している[10]。鳥装シャマンについては、神功皇后が熊襲《くまそ》国を撃とうとしたときのこととして『日本書紀』が伝える、神功皇后摂政前紀の記事が注目される。

　且荷持田村《またのとりたのふれ》（訓注略）に、羽《は》白熊鷲《しろくまわし》といふ者有り。其の為人《ひととなり》、強《こは》く健《こは》し。亦身に翼有りて、能く飛びて高く翔《かけ》る。是を以て、皇命《おほみことのり》に従はず。毎《つね》に人民を略《か》盗《す》む。

羽白熊鷲という名、翼をもち高く飛翔することができるという特徴などから、彼は他界へ自由に往来できる呪的霊能をもつと信じられた鳥装（おそらくは鷲の羽根を身につけた）シャマンであったとみられる。また、『古事記』神武天皇東征段に、神武天皇が速吸門《はやすいのと》（豊予海峡）で出会ったという亀の甲に乗って「釣為《つりし》乍《つつ》打ち羽挙《はぶ》き来」た倭国造の祖の「槁根《さをね》津《つ》日子《ひこ》」も、海神の霊を体現した鳥装シャマンを思わせる。埼玉県岩鼻古墳群からは鳥形冠を着けた人物埴輪が[11]、福岡県塚堂古墳からは翼状立飾りを冠した人物埴輪が出土しているが[12]、いずれも古墳時代の鳥装習俗、鳥装シャマンの存在を示すものである。
　また、『日本書紀』神代上第八段一書第六に、「白蘞《かがみ》の皮を以て舟に為《つく》り、鷦鷯《さざき》の羽を以て衣にして、潮水《しほ》の随《まにま》に浮き致る」、つまり鳥装で薬草（白蘞）舟に乗ってやって来たという少彦名命《すくなひこな》も、他界より舟に乗って寄り来る霊魂そのものであるが、その姿はまた天鳥船をも思わせる。(13) 天鳥船は、鳥形霊と、この世と他界を往来する霊魂船とが結合した観念である。『日本書紀』神代下第九段一書第二には、高皇《たかみ》産霊《むすび》尊が大己貴《おおなむち》神に勅して、「汝《いまし》が往来《かよ》ひて海《わたつみ》に遊ぶ具《そなへ》の為には、高橋・浮橋及び天鳥船、亦《また》供造《つく》りまつらむ」と言ったとあり、『古事記』上巻の葦原中国の平定段には建御雷《たけみかづち》神の天降りの際に「天鳥船神」を副えて遣したとある。

そのほか、神武天皇東征神話に登場する「八《や》咫烏《たがらす》」や「金色の霊《あや》しき鵄《とび》」、阿波忌部《いんべ》氏の祖と伝える「天日鷲」(14)などは、鳥形の太陽霊ないしはその象徴である。『日本書紀』雄略天皇五年二月条に、雄略天皇の葛城山での校猟《かり》に際して「霊《あや》しき鳥」が飛来して猪の暴出を予告したとあるのも、神意を伝える神聖な鳥の信仰を記したものである。また、『古事記』允恭天皇段に「天飛ぶ鳥も使ぞ鶴が音の聞えむ時は我が名問はさね」とあるのも、鳥を神使とする信仰を背景にした作歌とみられ、(15)このように古代日本の鳥霊信仰は広く多様であった。

二　鳥霊信仰の系譜

弥生時代以降に顕在化する古代日本の鳥霊信仰の系譜については、夙《つと》に米田庄太郎氏(16)や松本信広氏(17)の、鳥霊信仰と霊魂船の観念が結合した天鳥船信仰やその表現については東南アジアとの関係を重視しなければならない、という指摘がある。また、岩田慶治氏[18]は、死者の霊魂を他界に運ぶために墓前に鳥竿を立てる南ラオスのカー族、子供の命名式のときに他界から祖先の霊魂を招くために鳥竿を立てるボルネオのケンヤー族、雨乞いのために満月の夜に背中に竹づくりの羽根を負って鳥の舞を踊る北部ラオスのプー・ノーイ族、村落の入口の門（鳥居）に鳥形木製品をつけるタイのアカ族など、東南アジアの鳥霊信仰にもとづくさまざまな儀礼や習俗について報告している。ただし、祖霊像とみられる人形《ひとがた》木像と組み合わさった弥生時代の鳥形木製品については、北アジアとの関係を重視する見解[19]もあり、二者択一的な理解は生産的ではない。

　中国にも古くから鳥霊信仰の存在したことは、龍とならぶ中国の二大霊獣であり、四霊[20]の一でもある鳳凰《ほうおう》をあげるまでもない。白川静氏[21]は、すでに殷・周代には人間の霊魂が鳥形であると考えられていたことを甲骨文や金文の分析から主張している。また、『淮南子[22]』斉俗訓に「夏后氏の礼では……葬儀の垣根に羽飾りを配す」、同じく氾論訓に「亡骸をおさめるのには……周人は棺の側に羽飾りをおく」とある。これは、死者の霊魂が冥界へ旅立つための呪的習俗を伝えたものである。このような喪葬儀礼に羽飾りを用いる習俗の存在から、漢代以前に鳥霊信仰にもとづく喪葬儀礼の営まれていたことが知られる。

　また、中国最古の詩集である『詩経[23]』の「国風」におさめられる「簡兮《かんけい》」は、万舞という舞をほめたものであるが、万舞には干《たて》をもって舞う武舞と雉《きじ》の羽根をもって舞う文舞があった[24]。巫俗より起こった中国の舞楽のなかの羽根をかざしての舞は雨乞いの舞であったという[25]が、この文舞が雨乞いの舞であったか否かは明らかでない。巫覡《ふげき》（シャマン）が沐浴《もくよく》する際に鳥の羽根を用いて精神を昂揚《こうよう》させる呪法が「濯《たく》」であり、その本義は羽化＝登仙を図る呪術であるという[26]。さらに後漢以降の鏡鑑は翼のついた羽人（鳥人）文様で飾られることになる。おそらく、古代中国のシャマンも鳥の羽根をかざしての舞や鳥装束をまとっての神霊との交流、登仙など、さまざまな呪術宗教的儀礼を行なっていたと考えられる。このように、古代中国の鳥霊信仰は喪葬儀礼やシャマニズム、神仙思想などと習合して展開した。

しかし、日本の鳥霊信仰との関係で最も重視しなければならないのは、古代朝鮮の鳥霊信仰である。忠清南道大田付近から出土したという紀元前四世紀頃のものとみられる青銅板の表面には木にとまる鳥の文様が、裏面には鳥人の耕起図が刻まれており、古く農耕儀礼と結びついた鳥霊信仰の存在が知られる。また、旧伽耶《かや》地方を中心に出土する三国時代の鳥形や船形などの異形土器は、葬儀において使用され、当時の他界観が表わされていると考えられている[27]。鳥形土器は日本の鳥形須恵器の祖型とみられているが、朝鮮の三国時代には鳥霊信仰にもとづく喪葬儀礼の営まれていたことが推察される。慶州の天馬塚（五〜六世紀）からは金製鳥形冠飾や金製鳥翼形冠飾も出土して[28]おり、新羅に鳥冠の存在したことが知られる。ただし、これが被葬者が生前に着用した実用品なのか、それとも死者霊を冥界へ飛翔させるために副葬された仮器なのかは定かでない。

一方、高句麗や百済には実用の鳥冠が存在した。『魏書』高句麗伝や『周書』高麗伝によれば、高句麗では冠の端に二本の鳥の羽を挿し飾り貴賤によって差があるとあり、『周書』百済伝には、百済では朝拝と祭祀には冠の両側に翅《はね》をつけるとある。本来、鳥冠は宗教的目的にもとづく装束であったとみられるが、高句麗や百済では祭祀儀礼だけでなく政治的儀礼の場でも着用され、身分の貴賤を表示することもあったようである。『三国史記』「高句麗本紀」瑠璃明王《るりめい》二十四年条には、

王は箕山の野で田猟《かり》し、異様な人を得た。その人の両腋には羽根があった。王は彼を朝廷に登用し、羽氏の姓を賜り、王女を妻《めあわ》せた。

とある。記述内容の史実性は大いに疑問であるが、鳥装シャマンが存在したことを示唆する伝承である。また、「新羅本紀」脱解尼師今《だつかいにしきん》即位前紀に、脱解が誕生後すぐに箱に入れられて海に捨てられ、辰韓の阿珍浦《あちんほ》に着いたとき、一羽の鵲《かささぎ》がこの箱に従っていたとあるように、誕生儀礼（説話）と結びついた鳥霊信仰も存在した。

さらに、『三国志』魏書韓伝条に馬韓の宗教的習俗として、「また諸国には、それぞれ特別な地域があり、蘇塗《そと》とよばれている。〔そこでは〕大木を立てて、その木に鈴や鼓をかけて、鬼神に仕えている。」と記された蘇塗は、しばらく前までは朝鮮南部地域で広く見られた長大な木偶神杆である長柱《チャンスン》や先端に鳥形をつけた鳥杆の水殺竿《スサルティー》などの起源として早くから注目され、また、日本の鳥形木製品の用途ともかかわって広く注目されているところである。長柱は村落や寺院の境界に立てる

図13　鳥形をつけた鳥杆
（韓国・江原道）

のが一般であり、水殺竿は長栍と一所に立てられることが多いが、他所に立てられて穀霊祭祀と結びついたものもあるという。[29] この馬韓の蘇塗の起源については、北アジアの鳥杆・鳥霊信仰との関係を重視する見解[30]が有力であるが、これを疑問とし[31]、北方シャマニズムの祭天儀礼の神杆と農耕儀礼の鳥杆が習合して朝鮮で独自に形成されたとする説[32]もある。

いずれにしても、北アジアとの関係を軽視することはできないと思われるが、北アジアの鳥霊信仰はシャマニズムと習合していることを特徴とする。[33] たとえば、北アジアのシャマンの装束は鹿角装とともに鳥装が一般であるが、鳥の衣裳を身にまとうことにより彼は鳥に変身して鳥のことばを解し（霊的交流が可能となり）、鳥形霊と化して天上界や冥界へ自由に飛翔しうると信じられていた。また彼らの間では、誕生前の魂は雛《ひな》の姿をしているが死者の魂は鳥をその容器とすると考えられ、シャマンは鳥形を作ってそのなかに自分の魂を吹き込んだりすることも行なった。したがって、アルタイ系諸民族の祭場や墓地には鳥杆が立てられ、棺には鳥形が副えられた。

古代日本の鳥霊信仰の系譜については明瞭ではないが、農耕儀礼や鳥船表現などからみれば東南アジアとの関係が考えられる。だが鹿崇拝と共存していることからすれば北アジア的ともいえる。あるいは日本に伝来する以前に、すでにある地域で両者が習合し、日本にはその習合した鳥霊信仰が伝播した可能性も考慮する必要があり、固定的に理解することは実際的ではない。[34]

三　鳥霊信仰と喪葬　その一

こうした古代日本の鳥霊信仰は、おおよそ二つの型に類別される。

その一つは農耕儀礼と習合した鳥霊信仰で、鳥、とくに白鳥を穀霊の運搬者ないしは穀霊の化現、穀霊の象徴とするものである。たとえば、『豊後国風土記』総記条は豊国《とよのくに》の国名起源説話ともなっているが、飛来した白鳥が餅や芋草《いも》に変化したと伝えている。『山城国風土記』逸文（『神名帳頭註』所引）伊奈利《いなり》社条の伏見稲荷神社の縁起には、餅が白鳥に変化して飛び去り留まった山の峰に稲が生育したので社の名にしたとある。また、同風土記逸文（『河海抄』巻第二所引）鳥部里条や『豊後国風土記』速見郡田野条にも類似の説話が記されているほか、白鳥や鶴などが稲穂や稲種を運んで落としていったという後世の伝説や民話の類は、枚挙に暇《いとま》がない。[35]

鳥霊信仰のいま一つの型は、鳥を人の霊魂の運搬者ないしは人の霊魂の化現・象徴とみる鳥霊信仰であり、具体的には人の誕生（出産儀礼）や死（喪葬儀礼）と結びついて展開する。出産儀礼と結

びついた鳥霊信仰について『古事記』上巻には、

爾《ここ》に即ち其の海辺の波限《なぎさ》に、鵜の羽を葺草《かや》に為《し》て、産殿《うぶや》を造りき。是に其の産殿、未だ葺き合へぬに、御腹の急《あわただ》しさに忍びず。故《かれ》、産殿に入り坐《ま》しき。（中略）是を以ちて其の産みまし御子を名づけて、天津《あまつ》日高《ひこ》日子《ひこ》波限《なぎさ》建《たけ》鵜《う》葺草《がや》葺不合命《ふきあへずのみこと》と謂ふ。

とあり、海神《わたつみ》の女の豊玉姫《とよたまひめ》が産屋の屋根を鵜の羽根で葺き終わらない間にウガヤフキアエズノミコトを出産したと伝えている。(36) これは、新生児に新しい霊魂を運んで来ると信じられた鳥（この場合は鵜）の羽根で産屋の屋根を飾る呪術と、その鳥（霊魂）を招き入れるために産屋の屋根の一部を葺き残しておく習俗を、神話的に表現したものである。(37) この神話が発展すれば、霊鳥が直接産室にとびこむことになる。

『日本書紀』仁徳天皇元年正月条には、

初め天皇生《あ》れます日に、木菟《つく》、産殿に入《とびい》れり。明旦《くるつあした》に、誉田《ほむた》天皇、大臣武内宿禰を喚《め》して語りて曰はく、「是、何の瑞《みつ》ぞ」とのたまふ。大臣、対《こた》へて言《まう》さく、「吉祥《よきさが》なり。復昨日《またきのふ》、臣《やつかれ》が妻の産む時に当りて、鷦鷯《さざき》、産屋に入れり。是、亦異《またあや》し」とまうす。爰《ここ》に天皇の曰はく、「今朕《われ》が子と大臣の子と、同日に共に産れたり。並に瑞《みつ》有り。是天つ表《しるし》なり。以為《おも》ふに、其の鳥の名を取りて、各《おのおの》相易《あひか》へて子に名《なづ》けて、後葉《のちのよ》の契《しるし》とせむ」とのたまふ。則ち鷦鷯の名を取りて、太子に名けて、大鷦鷯皇子《おほさざきのみこ》と曰へり。木菟の名を取りて、大臣の子に号《なづ》けて、木菟宿禰《つくのすくね》と曰へり。

是、平群臣《へぐりのおみ》が始祖なり。

とある。仁徳天皇の誕生時には木菟（ミミズク）が、同日の武内宿禰の妻の産屋には鷦鷯（ミソサザイ）が飛び入ったが、これは「天つ表」であり「吉祥」であるから鳥の名をとって相互にかえて子供の名とした、と伝えている。これも、ミミズクやミソサザイが新生児に霊魂を運ぶ（新生児の霊魂はこれらの鳥形をしてやって来る）という信仰にもとづく儀礼の、神話的表現である。[38]

喪葬儀礼と結びついた鳥霊信仰は、九州の阿蘇山麓の新しい墓標の上の鳥形や、山陰・日本海沿岸の棺蓋の四方にのせた鳥形、対馬のスヤという墓上施設（小屋）上の鳥形などの習俗に、[39]最近まで窺うことができた。

一般には、古代日本の鳥霊信仰は弥生時代に農耕文化複合の一つとして農耕儀礼と習合して伝来し、喪葬儀礼と結びつくのは弥生時代終末期から古墳時代以降のことと考えられている。[40]しかし、早くから鳥霊信仰が喪葬儀礼とも習合していたことは周辺地域の情況を見れば明らかであり、墳墓に副葬された伽耶地方の鳥形土器については先に触れた。『三国志』魏書弁辰伝に、「大鳥の羽根を用いて死者を送るが、それは死者を〔天上に〕飛揚させたいからである。」と伝えられるのも参考になる。[41]同書に倭の習俗に近いと記された朝鮮南端の弁辰の地では、三世紀頃に死者の霊魂を天上に飛翔《ひしょう》させる目的で喪葬に大鳥の羽根を用いる習俗のあったことが知られるが、今日も朝鮮南部では棺蓋に多数の鳥を飾りつけるという。[42]東南アジアの例については先に触れたが、北アジア内陸部のヤクート地方では死亡したシャマンの休息所に鳥杆を立て、ツングースのシャマンの棺には数個の鳥形をつけ[43]、鳥は死者の霊の容器でもあると信じられるなど[44]、死者と鳥の結びつきは広い。

日本でも、すでに弥生時代に鳥霊信仰にもとづく喪葬儀礼の営まれていたことは、考古学上の知見からも推察できる。前期を中心に中期に及ぶ弥生時代の人骨が多数出土した山口県土井ヶ浜遺跡からは、鵜を副葬された女性骨が発掘されている。これについては、生前に巫具としてシャマンが使用した鵜を彼女の死とともに副葬したとする見解[45]もあるが、先の弁辰の習俗やウガヤフキアエズの誕生神話などを参酌すれば、それは死者の霊魂を鳥（鵜）に託して冥界へ飛翔させようとする、鳥霊信仰にもとづく呪的行為であったと考えられる[46]。また、岡山市雲山鳥打遺跡（弥生時代後期後半）から墓に供献された鳥形土製品が出土していることも参考になるが、弥生時代の鳥形木製品が農耕儀礼のみに使用されたか否かは再検討が必要であろう。

鳥霊信仰は日本に伝来した当初から、農耕儀礼だけでなく出産儀礼および喪葬儀礼のいずれとも習合していたと推考される。そもそも鳥霊信仰は、霊魂が鳥に乗り、あるいは鳥形をして他界に飛翔するという霊魂観にもとづくものである。したがって、それは穀霊祭儀、出産および喪葬儀礼とも容易に結びつく。

四　鳥霊信仰と喪葬　その二

古墳時代に鳥霊信仰と喪葬儀礼の習合がより明確化することは、古墳に樹立された水鳥形埴輪から窺うことができる。水鳥形埴輪は、大阪府の津堂城山古墳や誉田御廟山（応神陵）古墳など王陵級の古墳をはじめとして、現在まで全国で五九ヵ所、九九体が出土している。造出《つくりだ》しや周濠付近からの出土が多く、盛行するのは中・後期であるが、古墳の規模や墳形を特定することなく用いられている。(47)

水鳥形埴輪を古墳に樹立した意図・目的は、大阪府の津堂城山古墳（四世紀末から五世紀初頭、全長約二〇八メートルの前方後円墳）の最古、最大、かつ最も写実的な三体の水鳥形埴輪の出土情況から推察される。それは、二重周濠の内濠内にある埋葬施設をもたない方形墳丘上より出土したが、方形墳丘の主体的位置を占める情況であったという。(48)この方形墳丘は水鳥形埴輪だけを立てるために築造されたとみられるが、この墳丘上に三体の水鳥形埴輪を立てならべ、これを主体にした何らかの呪的な儀礼が実修されたものと推察される。これに関し、水鳥形埴輪は首長権継承儀礼の際の鳥飼人を表わしているとの見解(49)もあるが、埴輪は古墳（墓）に立てる呪物であることを第一義とし、古墳における喪葬観念を象徴的に表現するものであったとみなければならない。また、古墳の完成

写真10　死者の霊魂を冥界へ導く水鳥形埴輪
（大阪府・津堂城山古墳）

により被葬者の死亡が確定している以上、水鳥形埴輪の樹立を水鳥の霊力を感染させる鎮魂《たまふり》のための、ないしは死者の蘇生を促すための呪物[50]であったとも考えられない。おそらく、これは被葬者の霊魂が安全に他界へ飛翔するための呪具、死者霊の冥界へ行くための乗り物を表現し、それを願って樹立されたものであろう。

　京都府の蛭子山一号墳（四世紀後半、一四五メートルの前方後円墳）からは、墳丘上に立てた柱の上端に置かれた状態に復元され、古墳での儀礼に使用されたとみられている鳥形土製品[51]（鶏か）が出土している。岡山県の金蔵山古墳（四世紀末から五世紀初頭、一六五メートルの前方後円墳）からも、本来は円筒埴輪の上端に張りつけられていたとみられる小形水鳥形埴輪[52]（五個）が出土しており、古墳と各種の鳥形の関係を考察するうえで参考となる。これらも水鳥形埴輪と同一の宗教思想上の遺物であり、被葬者の霊魂を冥界へ飛翔させるための呪具であったと考えられる。

また近年、古墳からの出土例が増えている鳥形木製品も、古墳における喪葬儀礼の実態や鳥霊信仰との関係を考察するうえで注目されている。[53] 現在、木製品が出土した古墳は、北は山形県から南は佐賀県まで四五例を数える。具体的な使用方法など明瞭でない点も少なくないが、鳥形木製品の出土は五世紀後半から六世紀前半の古墳に集中する。

たとえば、奈良県の四条古墳（五世紀後半の一辺二九メートルの方墳）からは、鳥形・笠形・盾形などの多数の木製品が、人物・鹿・馬など各種の形象埴輪とともに出土している。同じく、黒田大塚古墳（六世紀前半の五五メートルの前方後円墳）からは鳥形や笠形木製品が出土し、これに近接する石見遺跡（六世紀初頭頃の低地の祭祀遺跡とみられていたが古墳跡である可能性が高い）からも、馬・鹿・盾など各種の形象埴輪とともに大型の鳥形・笠形木製品が出土している。

この鳥形木製品は近年注目されている古墳立柱ともかかわるものと思われるが、鳥形の形状には、鳥が翼を広げた姿を模した大型のものと、横向きに表現した小型のものと二類型がある。前者は鳥杆に飾られ、後者は鳥居形などの横木にとりつけられたものとみられている。[54] いずれにしても、鳥形などの木製品は古墳で喪葬儀礼が営まれた際に、柱や横木に取りつけて樹立されたものであろう。それは、古墳被葬者の霊魂が他界へ飛翔するための乗り物の表現であったと推察される。つまり、古墳から出土する鳥形木製品も水鳥形埴輪と同様に、鳥霊信仰にもとづく喪葬の呪具であったと考えられる。[55]

古墳の表面を飾ったこれら水鳥形埴輪や鳥形木製品のほかに、古墳と鳥霊信仰の結びつきを示す遺物として、石室内に供献された各種の鳥形(装飾付)土器[56]をあげることができる。この種の土器は東海地方と安芸(広島県西部)地方を中心に分布し、一部では五世紀代にあらわれるが、盛行するのは主に六〜七世紀である。その器形からこれが日常の実用品であったとは考えがたく、墓に供献するための仮器であったことは明らかであろう。安芸地方から出土するものの特徴は、内部を中空にした、まさに霊魂の入れものともいうべき鳥形須恵器である点にあるが、これとは異なる鳥形装飾付須恵器も出土している。なお、群馬県藤岡市白石からは、前者と同型の中空の鳥形土師器が出土[57]

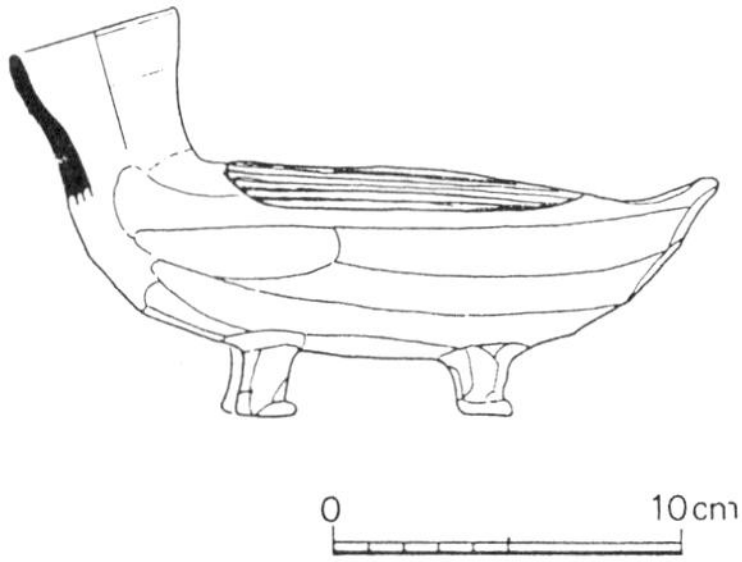

図14　内部を中空にした鳥形須恵器
(広島県・千間塚古墳)

写真11　鳥形で飾られた須恵器
(愛知県・岩津1号墳)

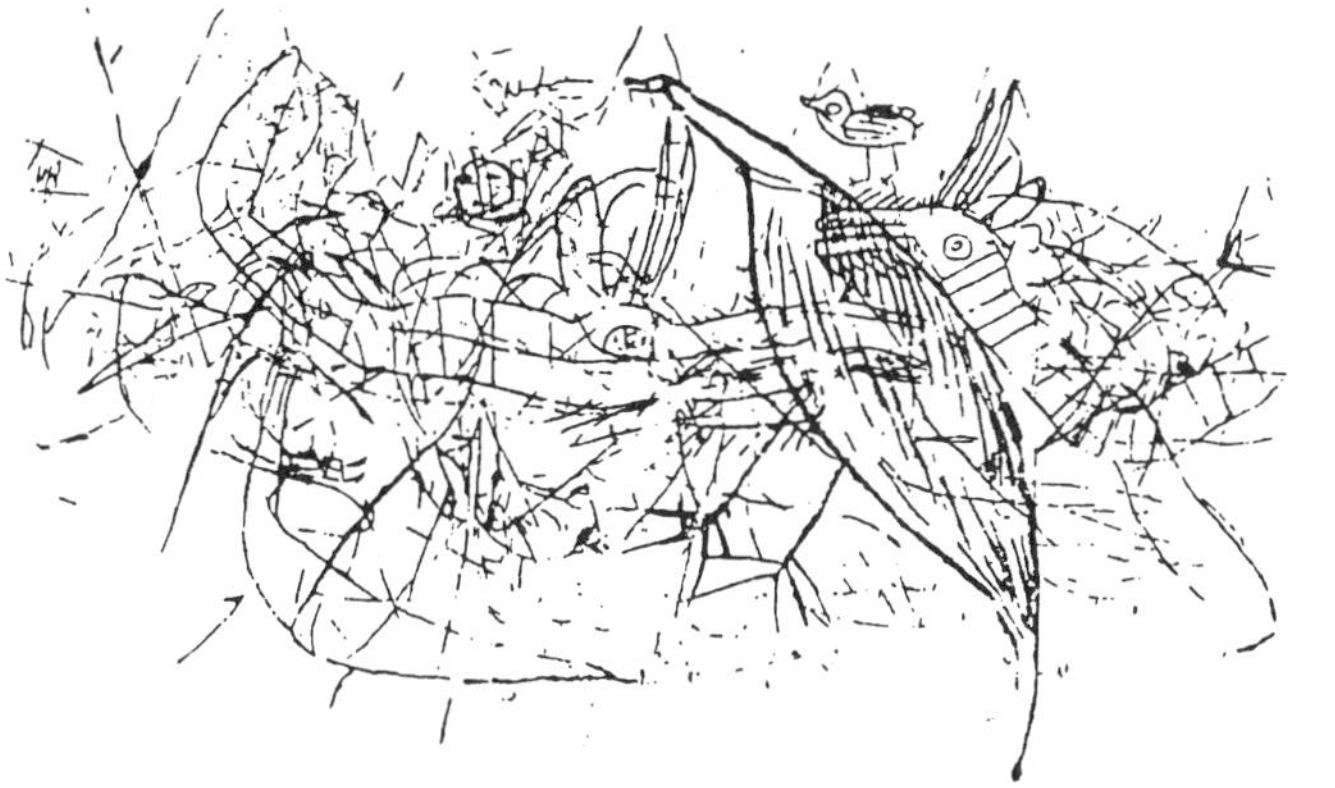

図15　横穴奥壁に描かれた大鳥・小鳥など（茨城県・幡6号横穴）

している。また、東海地方からは蓋《ふた》の上部に大きな鳥形装飾をつけた、鳥形蓋付須恵器が出土している。これら鳥形土器については、朝鮮南端の洛東江流域の旧伽耶地方から出土した「鴨形土器」との関係も類推され、渡来人や渡来文化との関係も考慮しなければならない[58]。いずれにしても、古墳石室から出土するこれら鳥形土器は被葬者に供献されたものであり、死者の霊魂への信仰とかかわる喪葬の呪物であった。

さらに、古墳と鳥霊信仰の結びつきは、石室内壁面に描かれた鳥の絵からも窺うことができる[59]。たとえば、茨城県の幡横穴六号（七世紀後半）には、双龍を思わせる蛇体画と大小の鳥、大鳥の左下方には被葬者（の霊魂）かとみられる人面などが線刻されている。また、福岡県の珍敷《めずらし》塚古墳（六世紀後半）や鳥船塚古墳（六世紀末）、熊本県の弁慶ヶ穴古墳（六世紀後半）などの石室に、太陽や月とともに色彩豊かに描かれている鳥船の絵は、まさに太陽や月の霊を運ぶ霊魂船、もしくは被葬者の霊魂を乗せて太陽や月の世界（他界）に旅立とうとする天鳥船を思わせる。

要するに、古墳時代には鳥霊信仰にもとづく喪葬儀礼が広く営まれていたのである。

『古事記』上巻は、天若日子の喪葬の様子(60)を次のように伝える。

乃《すなは》ち其処《そこ》に喪屋《もや》を作りて、河雁《かはがり》を岐佐理持《きさりもち》（訓注略）と為《し》、鷺を掃持《ははきもち》と為、翠鳥《そに》を御食人《みけびと》と為、雀を碓女《うすめ》と為、雉を哭女《なきめ》と為、如此《かく》行ひ定めて、日八日夜八夜《ひやかよやよ》を遊びき。

河雁や雀などの鳥が喪葬に奉仕することは、実際にはありえないことである。これは刀や戈を持ち酒食を捧げ歌舞を行なって喪葬に奉仕し、のちには遊部《あそびべ》(61)に編成される人々が、そうした鳥の扮装をして殯《もがり》に奉仕したことの神話的表現とみられる(62)。問題は、なぜ人々が鳥の扮装をして喪葬に奉仕したのかということである。

これに関連して留意されるのは、最初にも触れた敏達天皇の殯宮で蘇我馬子が行なった雀の跳ねるような所作である。中国・漢代の皇帝の喪葬儀礼の節目ごとに行なわれる重要な儀礼に哭と踊があり、踊は悲哀の意を示して雀の跳るに似た足ずりをするものであった(63)が、中国文化の影響の有無を別にしても参考となろう。雀や雉などの鳥装をして喪葬の場に奉仕することと、殯宮で雀の跳るに似た所作を行なって死者の霊を弔《とむら》うことの背景には、共通した宗教的観念の存在が窺われる。いずれも鳥であることが重要であり、鳥霊信仰にもとづいた呪的行為であった。

このほかに『万葉集』の挽歌に鳥を題材としたものが多いことなども参考になるが[64]、鳥霊信仰にもとづく喪葬儀礼が広く行なわれていたことは、各種の鳥形が樹立・供献され、鳥の絵で飾られた古墳そのものについても、ある面では再考をうながすのではないかと思われる。つまり、死者の霊魂は鳥に乗り、あるいは鳥形に変化《へんげ》して他界へ飛翔するという信仰のもとでは、古墳の被葬者の霊魂は速やかに冥界へ旅立つべきであり、そこは死者の霊魂の永久の安住の場ではないとみられていたのではないかということである。

要するに、鳥霊信仰にもとづけば、そこは単なる屍の埋置場にすぎず、被葬者の霊魂にとって古墳は一時的な仮住い、冥界への入口でしかないということになる。こうした古墳観、死霊観については、その時代性や外来文化との関係などなお明らかでない点もあるが、古墳に対して被葬者を弔う永続的な儀礼が行なわれなかったり、横穴式石室では先に埋葬した屍を横に片づけて追葬したりした事情についても、朧気《おぼろげ》ながら理解できるように思われる。

死者の霊魂が屍から遊離して鳥に乗り、あるいは鳥形をして自由に飛翔するという信仰は、死後に墓から屍がなくなり仙界に昇るという神仙思想の尸解仙《しかいせん》の信仰とも類似したものといえる。古墳時代の日本にこうした信仰が存在したことは、後述する土師《はじ》氏の行なった喪葬儀礼やヤマトタケルの白鳥飛翔説話を理解するうえでも大いに参考となろう。

第五章　鹿と鳥を用いた喪葬儀礼

それぞれの時代・地域を問わず、人々の宗教観・世界観の特徴は喪葬に際して端的に表われるが、それは古代日本においても同様である。つまり、喪葬儀礼をとおして古代日本人の精神生活の一端を考察することができるわけである。古代日本の喪葬儀礼に最も深く関わったのは土師氏であり、すでに土師氏に関し多くの研究もあるが[1]、本章では『日本書紀』における土師氏関連の伝承の分析と考察から、その喪葬儀礼の復元を試みるとともに、古代の人々の宗教観の一端を明らかにしたい。

一　土師氏の本拠地と職掌

中央の土師氏には、大和国添下郡菅原および秋篠（現奈良市）、河内国志紀郡土師郷（現大阪府藤井寺市）、河内国丹比郡土師郷から和泉国大鳥郡土師郷（現大阪府堺市）にかけての地を本拠とする諸系統（四腹）[2]があり、これらが王陵伝承を有する巨大な前方後円墳の集中する佐紀《さき》盾列《たてなみ》古墳群・

古市《ふるいち》古墳群・百舌鳥《もず》古墳群の分布と対応関係にあることが知られている。ただし、この四腹の土師氏がすべて血縁関係にあったか否かは分明でなく、擬制的に同族化されたものとみる説もある。(3) それはともかく、王陵伝承をもつ巨大前方後円墳の集中する古墳群の分布と土師氏の本拠地が対応関係にあることと、王陵にまつわる伝承と土師氏が密接な関係にあることは、土師氏の職掌によるものと考えられる。

大和王権内での土師氏の主な職掌は、土師器の生産と貢進、埴輪の生産と墳丘への樹立、古墳築造とその後の管理、殯などの喪葬儀礼の執行であった。しかしこれらの職務は、土師器の生産を除いて、死者の霊魂にかかわるという点で相互に強く連結し、分割不可能なものとされていたようである。つまり、これらの職務が個々別々に営まれたのでは、死者の霊魂の安住という点で不都合であり、殯《もがり》も、古墳築造や埴輪樹立も、築造後の古墳の管理や被葬者の霊魂に対する儀礼なども、すべて一連のものとして滞りなく営まれてはじめて、意味のあるもの、全き喪葬になると考えられていたのである。

したがって、これらの職務を滞りなく遂行するためには、複数の者が別々に担うことは適切ではなく、すべてが同一の氏により担われ執行される必要があった。これらは、広義には喪葬という同一枠内の職務であり、土師氏は王権内において大王や王族らの喪葬の始終を掌っていた。要するに、土師氏は喪葬専掌氏族と言いうるが、それゆえにこそ、土師氏はのちに、凶事に預るからという理由で改姓を申請[4]しなければならなかったのである。

二　耳割け鹿と百舌鳥の儀礼　その一

次に記す『日本書紀』仁徳天皇六十七年十月条は、仁徳天皇の寿陵造営にまつわる出来事を伝えたものである。

河内の石津原に幸《いでま》して、陵地《みささぎのところ》を定めたまふ。丁酉に、始めて陵を築く。是《こ》の日に、鹿有りて、忽《たちま》ちに野の中より起りて、走りて役民《えたみ》の中に入りて仆《たふ》れ死ぬ。時に其の忽に死ぬることを異《あやし》びて、其の痍《きず》を探《もと》む。即ち百舌鳥《もず》、耳より出でて飛び去りぬ。因《よ》りて耳の中を視るに、悉《か》に咋《く》ひ割《か》き剝《は》げり。故《かれ》、其の処を号《なづ》けて、百舌鳥耳原と曰ふは、其れ是の縁《ことのもと》なり。

生前に仁徳天皇の陵地を河内の石津原に定め、築陵を始めた最初の日に野の中から突然鹿が現われ、造陵の役民の中に走っていって倒れて死んだ。鹿が急死したことを不思議に思って死因となった傷を捜したところ、百舌鳥が鹿の耳より飛び去った。そこで鹿の耳を見てみると、百舌鳥によって咋い割き剝がれていた。それで、陵を築こうとしていた石津原の地を百舌鳥耳原というようになったという物語であり、百舌鳥耳原の地名起源説話[5]ともなっている。

何とも不思議な内容の伝承であり、これが実際に仁徳朝の出来事か否か、また、現在仁徳陵に治定されている大山《だいせん》古墳築造時のことなのか否か、分明ではない。しかし、この説話が百舌鳥耳原の地名起源を説明するために創作されたものかといえば、必ずしもそうとは言いきれない。もし、これが意図的に創作されたものならば、もう少し筋道がすっきりした物語となっていたであろう。また、百舌鳥耳原の元の地名が石津原であったと伝えること、伝承上のことではあるが百舌鳥耳原は仁徳・履中・反正らの王陵の所在地であることなどから、王陵造営を契機として地名が変化した（新しい地名がつけられた）可能性もあり、何らかの事実の存在を想定することもできる。[6]

つまり、この伝承が陵地選定・造陵に際してのものであることから、本来は地名起源説話ではなく、古墳（王陵）造営に関する出来事を主題とするものではなかったかと推考される。おそらくは、その内容から古墳（王陵）築造を職掌とした土師氏のかかわる出来事、伝承であったと考えられるが、その内容が不可思議なだけに、この伝承と土師氏の関係がいまひとつ明瞭になっていない。しかし、これを不可解な物語だと考えるのは現代のわれわれのことであって、古代においても理解しがたいものであったとは限らない。古代人の思考や心意の特徴に留意しながら、この説話の意味するところを追求する必要がある。

これについては、部分的ではあるがすでに先学の示唆的な指摘がある。小林行雄氏[7]は、鹿が百舌鳥に耳を咋い割かれて死んだというのは、そこに陵をつくろうとする天皇に対して土地の精霊が抵抗する力を失ったということであろう、と述べている。また、白石太一郎氏[8]は、明らかに古墳の造営がときとして土地の神の意志に抵触する場合のあったことをうかがわせ、のちの寺院建立に際しては地主神に対する祭りのとり行なわれることが多いが、古墳の築造に際しても、まず土地の神に対する祭りが行なわれたのであろうと指摘する。

この説話が古墳築造の際の土地の神（地主神）に対する祭祀儀礼を伝えたものであるとの指摘は正鵠《せいこく》を射ていると考えられ、筆者も基本的にはその視点を継承するものである。しかし、小林氏や白石氏の指摘は部分的なものであり、鹿の耳が割けていたこと、その鹿が死んで耳から百舌鳥が飛び去ったことなど、重要な点について説明がない。したがって、その儀礼の具体的内容や全体像が必ずしも明確になっているとは言えず、次にこれらの点を中心に私見を述べてみよう。

①耳割け鹿

日本では古くから、鹿は猪とならぶ最も一般的な狩猟獣であり、肉食が忌避された中・近世においても例外であった。しかし、鹿は単なる狩猟獣であっただけではなく、現代においても春日大社の神鹿に例を見るように、古くは神使、あるいは神の象徴、神そのものとみなされた聖獣であった。こうした鹿の聖獣視については先に述べたところであり、詳細はそれに譲るが、百舌鳥野の鹿も普通の鹿であったのではなく、小林氏や白石氏が述べるように、王陵の造営地に選定された土地の精霊（地主神）を象徴するものであったと考えられる。

つまり、野より走り出て倒れ死んだというこの鹿は、王陵の造営地として選定された河内の石津原の地主神の象徴であり、王陵の築造に従事している者には地主神そのものとして扱われたであろう。なお、その鹿が倒れ死んだことの意味するところについては後述する。

次に、この鹿の耳が百舌鳥に咋い割き剝がれていたということが、事実としてはほとんどありえないことだとすれば、いったい何を意味しているのであろうか。そこから飛び去った百舌鳥の猛々《たけだけ》しさを強調した表現とも考えられない。それを正しく理解する鍵は鹿の耳そのものにある。

松村武雄氏[9]によると、古代人は鹿の耳に神意を鋭敏に聞き知る能力、予兆の宣示や感知の能力があると信じ、それゆえ彼の耳を特別視するとともに鹿を神聖視していたという。たとえば、『中臣祭文』[10]には「祓戸の八百万の御神達は佐平志加の御耳を振立て聞食せと申。」とある。また、これをやや簡略化したのが、『大祓祝詞』の「高天原に耳振立聞物と」、あるいは『紫式部日記』九月十日段の「八百万の神も耳ふりたてぬはあらじと見えきこゆ」といった表現であろう。このように、鹿の耳を神聖視した背景には耳そのものに対する信仰がある。

耳は御霊《みみ》、つまり霊の宿る所であり、始源的には、人間にとって耳で聞くことが、霊威を感じ、最も基本的な神意を判断する行為であるとの観念があった[11]。不老長生の象徴である角とともに、わが身をまもるために微細な音をもとらえることができる鹿の耳は、鹿を聖獣視するもとになった器官であったが、それが割かれて欠けていたということは何を意味しているのであろうか。

これについても、はやく柳田国男氏[12]の的確な指摘がある。同氏によれば、獣の耳を切り割く、あるいは切り取るのは、本来は個々の占有を証明するためのものであったかもしれないが、のちにはそれが神の祭に限られることとなり、その祭儀に奉仕する霊ある鹿の耳を取るようになったという。つまり、耳を割き取られた鹿は、祭祀儀礼の場で何らかの宗教的役割を担うために聖別された特別な鹿であり、耳を割き取ることは、その鹿が神の意志によって聖別された特別なものであることを示す象《しるし》をつけることであった。それを示す代表的な祭祀儀礼として、同氏は信濃の諏訪大社の耳割鹿[13]について紹介しているので引用してみよう。

日本でも諏訪の神社の七不思議の一つに、耳割鹿《みみさけじか》の話があった。毎年三月酉の日の祭に御俎揃《おまないたぞろ》へと称する神事が前宮《さきみや》に於て行はれる。本膳が七十五、酒が七十五樽、十五の俎《まないた》に七十五の鹿の頭を載せて供へられる。鹿の頭は後には諸国の信徒より供進したといふが、以前は神領の山を猟したのである。その七十五の鹿の頭の中に、必ず一つだけ左の耳の裂けたのがまじってゐた。「兼て神代より贄に当りて、神の矛にかゝれる也」ともいって、これだけは別の俎の上に載せた。

要するに、耳を割き取られた鹿は、第二章で述べた「白羽の矢」の立った鹿と同じく、神の意志により特別なものとして聖別された鹿であった。仁徳天皇紀の説話に登場する鹿も、王陵の地とされた河内の石津原の地主神を象徴する神聖な鹿であったために、その耳が割けていたのである[14]。それはけっして百舌鳥の仕業《しわざ》ではなかった。とすれば、王陵地の地主神を象徴する神聖な鹿の耳から百舌鳥が飛び去ったということは、何を意味しているのであろうか。

②百舌鳥の飛翔

百舌鳥は燕雀目の鳥で、晩秋に捕えた昆虫や蛙、蜥蜴《とかげ》などを冬季の餌として木の枝などに刺し貫いておくいわゆる百舌鳥の早贄《はやにえ》は、少々残虐かつ神秘的な光景でもある。ただし雀よりはやや大形の黒ずんだ色をして目立たないこの鳥が、古代の神話や伝承に登場するのは、管見によれば仁徳天皇紀以外にはない。したがって、王陵地の地主神の象徴である神聖な鹿の耳から百舌鳥が飛び去ったことの意味を、百舌鳥そのものから考察することは困難である。しかし、それを百舌鳥そのものから考えるのではなく、他の「あるもの」の象徴とみれば、必ずしも難解なことではない。

前章で述べたように、日本でも古くから鳥を神や霊魂を運ぶ乗り物、さらには神や霊魂そのもの、その象徴と考える鳥霊信仰が広く存在し、またこの鳥霊信仰と喪葬儀礼は密接な関係にあった。この場合の百舌鳥も、こうした視点から理解できると考えられる。要するに、この百舌鳥も何らかの霊的存在の象徴ではなかったかと推考される。すなわち、神意をよく判断する能力をもつ器管であり、霊が宿る神聖な所でもあると信じられた鹿の耳より飛び去っていることから、百舌鳥は鹿の霊の象徴であったと考えられる。そして、その鹿は神の意志によって聖別された耳割け鹿であり、王陵地に選定された河内の石津原の地主神の象徴であった。とするならば、神聖な鹿のさらなる聖所であるその耳から飛翔した百舌鳥もまた、河内の石津原の地主神を象徴していると考えられる。この百舌鳥を地主神の乗り物と解せないこともないが、地主神を象徴する耳割け鹿が殺されて地主神（の霊）はその依るべき肉体を失っていること、百舌鳥がその鹿の耳から飛び去っていることなどから、それは地主神が鳥形の霊と化したことを表現しているとみられる。北方ユーラシアの狩猟民であるオロチョン族では、シャマンの耳から鳥形霊の善神が彼の体内に入ると信じられており[15]、耳を霊魂の出入口とする観念が存在することも参考になるが、河内の石津原の地主神は、耳割け鹿の耳からさらに百舌鳥と化して飛び去り、この地より退去したのである。

このように、本来この説話は、王陵造営地の地主神を鹿と百舌鳥を用いて退去させるという、呪術的な儀礼について伝えたものであった。この出来事が築陵開始の初日に起こったと伝えられることは、この儀礼が築陵の最初に行なわれるべきものであったことを示しているが、それは次のような手順でとり行なわれたものと推察される。

①まず、神意、卜占によって選ばれた地主神を象徴する神聖な耳割け鹿を、王陵造営予定地で殺す。これによって地主神は、その依るべき肉体を失ったことになる。

②次に、その聖鹿の耳から百舌鳥を放つ。これは、依るべき肉体を失った地主神が百舌鳥という

鳥形の霊と化し、他所へ飛び去ったことをあらわしており、これで地主神の退去が完了する。

③地主神が他所へ退去したことにより、王陵造営を安全に行なうことが可能となり、築陵工事が開始される。

このように、王陵の造営を妨害する危険性が高い地主神を退去させることにより、築陵を安全にすすめることができると信じられたのである。さらには、退去させられた地主神にかわって、そこに埋葬される死者（の霊魂）がその土地の霊的な支配者になるとも考えられたのではないかと思われる。

ところで、実際にこのような喪葬と王陵造営にかかわる呪術的な儀礼を行ない、この説話を伝承したのは何びとであろうか。この儀礼が王陵造営に際して営まれたものであること、その地域的舞台が王陵の集中する河内（のちには和泉国大鳥郡）の石津原＝百舌鳥耳原であることなどから、それは王陵造営をはじめ王権内の喪葬儀礼の執行を主たる職掌とし、百舌鳥の地を本貫とした毛受《もず》腹の土師氏を除いて考えることはできない。

ただ、この説話から復元される儀礼が、実際に仁徳陵造営時に営まれたのかどうか、また、百舌鳥耳原に集中する巨大古墳の造営を担った集団がすでにその時点で「土師連《はじのむらじ》」の氏姓を称していたか否かなど、必ずしも定かではない点もある。しかし、この地の王陵造営を担い、のちには「土師連」を称する集団が王陵造営に先立って陵地の地主神を象徴する耳割け鹿の生命を断ち、それによって依るべき肉体を失った地主神の霊を象徴する百舌鳥をその鹿の耳から放つことにより、陵地の地主神が他所へ飛び去り退去したとする呪術的な儀礼をとり行なっていたことは、ほぼ確かなことと考えられる。

三 耳割け鹿と百舌鳥の儀礼 その二

百舌鳥耳原の地名起源説話から、王陵造営に際して営まれた耳割け鹿と百舌鳥を用いて陵地の地主神を退去させる呪術的な儀礼を復元することができたが、大阪府茨木市にも耳原という地名が現存する。かつては摂津国島下郡耳原村といい[16]、淀川中流北岸に位置する西国街道沿の集落である。この耳原の東方約一キロには継体天皇の三嶋藍野陵に治定されている太田茶臼山古墳（全長約二二六メートルの前方後円墳）、さらにその東方一・二キロには本来の継体天皇陵ではないかとみられている今城塚《いましろづか》古墳（全長約一九〇メートルの前方後円墳、二重周濠をふくむ古墳全長は約三五〇メートル、高槻市）など、王陵伝承をもつ中期から後期にかけての巨大古墳が存在する。また、耳原の北方には全長一〇〇メートルを越える前期の大型前方後円墳である紫金山古墳や将軍山古墳が存在するとともに、新屋・安威・将軍山（以上、茨木市）、塚原・弁天山（以上、高槻市）などの群集墳も近接して分布する。これら摂津の三嶋野の大古墳群の中央やや西寄りに位置する耳原にも、六世紀後半のものとみられる耳原古墳（現存全長二三メートルの円墳）や鼻摺《はなすり》古墳（一辺三三メートルの方墳）などが散在する。

この耳原の地名起源は定かではないが、文永四年（一二六七）四月十日付の「比丘尼蓮阿弥陀仏田地寄進状」（『勝尾寺文書』）に「耳原村田壱段」とあるのが史料上の初見であり、鎌倉時代までは確実に遡ることができる。ところで、耳原古墳や鼻摺古墳の所在地の小字名が、何と「毛受野《もずの》」である。この毛受野という小字名の起源も詳らかではないが、これが中・近世に成立した類の地名でないことは明らかである。王陵伝承をもつ巨大古墳に近接する地に、耳原と毛受野という地名が重なって存在することは、右の考察からみて単なる偶然とは考えがたい。

そこで、耳原・毛受野の周辺地域をもう少し詳しく見てみると、『和名抄』に摂津国島上郡濃味《のみ》（野身）郷がみえ[17]、延喜式内社の野身《のみ》神社も同郷に鎮座していたものと思われる。この濃味郷は現在の大阪府高槻市古曾部から安満のあたりに、式内の野身神社はJR高槻駅北方の上宮天満宮境内社の野身神社に、おのおの比定されている。この野身神社の祭神は土師氏の祖である野見宿禰と伝えられるが[18]、濃味郷と野身神社の存在は、土師氏が摂津の三嶋の地と無縁ではなかったことを示している。

さらに、『日本書紀』欽明天皇二十三年十一月条に、新羅人を配置したと伝える「摂津国三島郡埴廬《はにいほ》」の地は、耳原の東北東約二キロに位置する高槻市土室《はむろ》町（もと島上郡土室村）に比定されるが、埴廬・土室の地名のいずれもが土器や埴輪の生産、ひいては土師氏と関係のあることを思わせる。近年、土室町の北部丘陵上にある新池の東側から大規模な埴輪生産遺跡[19]が発掘され、多くの耳目を集めた。この新池遺跡からは、五世紀中葉から六世紀中葉までの埴輪窯跡一八基、埴輪工房跡三棟、埴輪工人住居跡一五棟分などが発掘されている。さらには、ここで焼成された埴輪が太田茶臼山古墳や今城塚古墳に供給されていたことも明らかとなり、王権直属の埴輪工房であった可能性が高い。

土師氏の本拠地に近接して埴輪生産遺跡と王陵伝承をもつ巨大古墳が一揃いで存在する例をあげれば、大和国添下郡菅原・秋篠―菅原東遺跡[20]―佐紀盾列古墳群、河内国志紀郡土師郷―土師の里遺跡[21]・誉田白鳥遺跡[22]―古市古墳群、和泉国大鳥郡土師郷―百舌鳥八幡遺跡―百舌鳥古墳群などがある。それは土師氏の担った職掌からして当然のことといえるが、濃味郷と式内野身神社、埴廬の地に存在する大規模な埴輪生産工房跡である新池遺跡、王陵伝承をもつ太田茶臼山古墳や今城塚古墳、等々の存在から、摂津の三嶋にも土師氏が本拠をもっていたことはまちがいなかろう[23]（次頁の地図参照）。

したがって、それらに近接して存在する耳原・毛受野という地名も、河内の石津原（百舌鳥耳原）の場合と同様に、本来は摂津の三嶋を本拠とした土師氏関連の地名であったと考えられる。つまり、摂津の三嶋の土師氏[24]も、太田茶臼山古墳や今城塚古墳の造営に先立って、耳割け鹿と百舌鳥を用いた呪術的儀礼をとり行なっていたと推察される。それが耳原・毛受野という地名として遺存したの

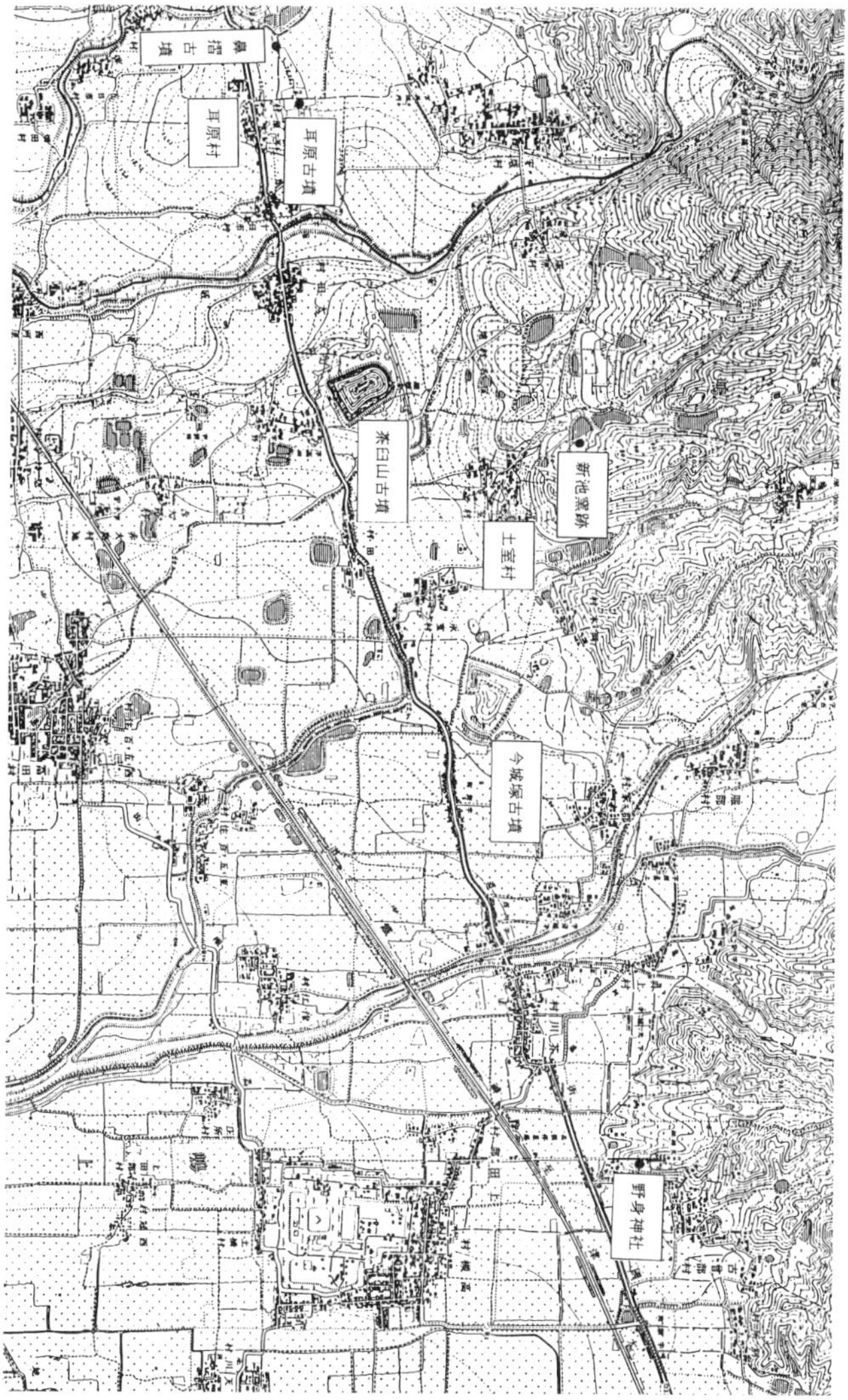

図16　摂津国耳原毛受野の付近

であろう。
なお、河内（和泉）の百舌鳥耳原と摂津の三嶋の耳原毛受野のいずれの地でも、土師氏が耳割け鹿と百舌鳥を用いて陵地の地主神を他所へ遷却する呪術的儀礼を行なっていたとすれば、両地の土師氏ないしはその儀礼の系統が問題となる。つまり、それが両地域の土師氏の親縁関係によるものなのか、それとも、王権内の統一された儀礼として行なわれたことに起因するのか、ということである。定かにするだけの史料に欠けるが、私は両方の可能性を同時に考慮しなければならないと考えている。

王陵に限らず中小の古墳を築造する場合にも、それに先立って地主神に対する呪術的な祭儀を行なったのではないかとみられる遺溝の存在が明らかにされているのも参考になる。たとえば、奈良県御所市の巨勢山三二一号墳や京都府向日市の寺戸大塚古墳、岡山県津山市の六つ塚一号墳、福岡市の鬼ノ枕古墳などでは、盛土直下の旧地形上から焚き火の跡が、大阪府高槻市の弁天山C一号墳や大分県宇佐市の鶴見古墳などの旧地形上からは、土師器や須恵器が出土している(25)。これらはいずれも、古墳築造直前にその土地の地主神に対して、土器を供献したり火を焚いたりする呪的な祭儀を行なっていたことを示すものである。土師氏の耳割け鹿と百舌鳥を用いた儀礼は、こうした祭儀のより整えられ完成した姿であった。おそらく、それは王陵など限られた古墳造営の際にのみ許され、土師氏によって執行された特別な儀礼であったと考えられる。

こうした儀礼の思想的背景については次章で検討するが、のちには神仙思想や陰陽道の影響により、呪的な儀礼に代わって墓地に買地券（墓券、鎮墓券）を埋納するようになる。[26] 買地券とは、造墓に際して地下を支配する土地神・冥官から墓地を購入するための、儀礼的な冥券のことである。中国では後漢以降に盛行し、朝鮮では百済の武寧《ぶねい》王陵出土のものが有名である。[27] 日本でも、天平宝字七年（七六三）の「矢田部益足買地券」が岡山県真備町から、平安時代初期のものが福岡県太宰府市の宮ノ本遺跡から出土している。[28]

『今昔物語集』巻第二十四の「慈岳川人被追地神語第十三《しげをかのかはひとつちのかみにおはるること》」は、大納言安陪安仁《あべのやすひと》が文徳天皇の陵地を占定して地神の怒りに触れ、二度も襲われたが、陰陽師慈岳川人の遁甲《とんこう》の術で難を免れることができたという物語である。これも中国思想に彩られた説話であるが、その根底には、陵墓造営に際して地主神に対する祭儀をおろそかにすることがあってはならないという呪的観念の存在することを窺うことができよう。

四　白鹿と白鳥の儀礼

次に記す『日本書紀』仁徳天皇六十年十月条は、ヤマトタケル陵である白鳥陵の陵守を土師氏が管理することになった由来を伝えた、白鳥陵陵守管理起源譚である。

白鳥陵守《みさぎきもり》等を差《さ》して役丁《えよほろ》に充《あ》てつ。時に天皇、親《みづか》ら役《えだち》の所に臨みたまふ。爰《ここ》に陵守目杵《みささぎもりめき》、忽に白鹿に化《な》りて走《に》ぐ。是《ここ》に、天皇、詔して曰はく、「是《こ》の陵、本より空し。故、其の陵守を除《や》めむと欲して、甫《はじ》めて役丁に差せり。今是の怪者《しるまし》を視るに、甚だ懼《かしこ》し。陵守をな動しそ」とのたまふ。則ち且《また》、土師連等に授く。

これと先述した仁徳天皇紀六十四年十月条も、もとは一連の物語で、白鳥陵から逃走した鹿が百舌鳥耳原で死んだとみる説もある[29]。おもしろい着眼であるが、両説話の最も重要な点は鹿の聖性表現にある。ところがそれについて一方は「白鹿」、他方は「耳割け鹿」と、まったく異なる聖性表現がなされており、両者が同一の鹿で両説話が一連の物語であったとみることはできない。

説話の内容からみてこれも土師氏の伝承より出たものであろうが[30]、実際に仁徳朝にこのとおりの出来事があったか否かについては確かめる術《すべ》がない。おそらくは、ヤマトタケル伝承が一応の形成をとげたあとに、現在みるような物語にまとめられたのであろう[31]。ただし、それは土師氏の陵守管理起源譚としてのことであって、この説話の本来的な核心部とみられる、白鳥陵の陵守が白鹿と化して逃走したという部分についてではない。この説話は陵守管理から離れて考察しなければならないが、陵守が白鹿に化して逃走したというのも、もとは単に白鳥陵から白鹿が逃走したという話ではなかったかと推考される。いずれにしても不思議な物語である。

『書紀集解』（河村秀根）は、これと類似した説話として『天中記』所引「異苑」の物語を載せ、津田左右吉氏(32)はそれをうけて中国の説話の翻案とする。「異苑」の説話は、「鄱陽楽安の人、彭世が息子と山へ狩猟に出かけ、突然白鹿と化した。それを悲しんだ息子は終身狩猟をしなかったが、孫はよく射を学び白鹿を獲た。ところが、その白鹿の角の間から道家七星符や祖先に関する記録などを得て悔懊し、彼も射猟をやめた。」という物語である。彭世が角の間に道家七星符を有する白鹿に化したというのは、彼が昇仙した（仙界にのぼり仙人となった）ことを意味するものであり、この説話の核心は彭世が白鹿に化して昇仙したことにある。

これと仁徳天皇紀の説話を比較してみると、類似するのは人が白鹿に変化《へんげ》したという点のみである。しかも「異苑」では彭世が白鹿に化して昇仙しているが、仁徳紀では陵守が白鹿に化したことが何を意味しているのか明瞭ではない。人が動物に変化したり白鹿を特別視したりすることは中国思想の影響によるところも少なくないであろうが、両説話の内容は大きく異なり、仁徳紀の説話が中国のそれをそのまま翻案したものであるとは、にわかに考えられない。

『日本書紀』の編者がこの説話をここに記載した主な意図は、土師氏の陵守管理の起源を語るところにあり、また、この説話を伝承した土師氏においてもそれは同様であろう。しかし、それがこの説話本来のものであったか否か、もともと土師氏の陵守管理起源譚として成立したものか否かという点については、否定的にならざるをえない。なぜならば、この説話の本来的な核心部は白鳥陵からの白鹿の逃走にあったと考えられるにもかかわらず、陵守管理起源譚では白鹿の逃走が何を意味しているのか明らかにできないからである。

古代日本において、鹿が神使、神の乗り物、神の象徴として神聖視されたことについては、先に詳述したところである。のちに天人相関思想にもとづく祥瑞《しょうずい》思想（国王の政治が正しく行なわれ国内がよく治まっていれば、天は地上にめでたい動植物をもたらすという思想）が伝来するに及んで、白鹿も祥瑞とされる。延喜治部式の規定によれば、白鹿は大・上・中・下四段階の祥瑞のうちの上瑞とされるが、この説話の白鹿には、いまだこうした祥瑞思想の影響をよみとることはできない。白鳥陵からの白鹿の逃走は、何を表わしているのであろうか。私もいまだ断案を得るにいたっていないが、次に二つの試案を述べてみる。[33]

その一つは、先の耳割け鹿と百舌鳥の説話と同様、陵地の地主神遷却儀礼を伝えたものとする理解である。白鹿とあるのは、神聖な鹿であることの表現であるが、この説話は白鳥陵地の地主神が白鹿と化して走り去り、他所に退去したことを表わす儀礼について伝えたものではないか、と解することもできる。ただし、この考えが成立するには、白鹿の逃走が白鳥陵築造時ではないことが支障となる。

もう一つは、土師氏が王陵や陵守の管理に従事したことを考慮して、陵墓完成後に被葬者に対して白鹿を用いて行なった何らかの陵前での儀礼について伝えたものではないか、という推察である。王陵完成後も陵前で儀礼が行なわれていたことは、『日本書紀』仲哀天皇元年十一月条に、天皇が父のヤマトタケルの白鳥陵に放つために諸国より白鳥を貢進させたとあることからも窺うことができる。仲哀天皇紀では、父王の神霊《みたましい》が白鳥と化して天に上り、仲哀天皇がそれをしのび慰めるために陵池に白鳥を放とうとしたとあるが、実際の儀礼の目的はその逆であったとみられる。古墳被葬者の霊魂が白鳥に乗り、あるいは白鳥と化して安全、確実、迅速に冥界へ旅立つことを願い、白鳥を放ったのであろう。これも鳥霊信仰にもとづく喪葬儀式の一つである。

図 17　崑崙山に登る白鹿（中国・長沙馬王堆 1 号墓）

それはともかく、この説話は、被葬者の霊魂が冥界へ旅立つ際の乗り物ないしはその象徴として白鳥ではなく白鹿を放つ儀礼について伝えたものと、考えられないであろうか。これは「異苑」の説話と類似した思想にもとづくものといえるが、昇仙の象徴、ないしは神仙の乗り物として白鹿については、中国では『神仙伝』(34)の白鹿に乗り玉女を従える魯女生《ろじょせい》や、羽衣星冠を身につけ白鹿の曳く雲車に乗る衛叔卿《えいしゅくきょう》、劉《りゅう》根《こん》などの伝、漢代の長沙馬王堆《ちょうさまおうたい》一号墓から出土した朱地彩絵棺側板漆画（35）などにみることができる。この説話が、被葬者の霊魂が冥界へ旅立つことを願って古墳完成後に行なわれた白鹿を放つ儀礼について伝えたものとするならば、この事件が白鳥陵の造られてのちに起こったと伝えられることや土師氏の陵守の管理とも齟齬《そご》しない。ただし、当時の日本にすでにこうした思想が存在し、それにもとづく儀礼が営まれていたか否かについては明徴がない。しかし、墳丘に立てられた鹿形埴輪や鹿の描かれた円筒埴輪などが、あるいは参考になるかもしれない。

ところで『日本書紀』景行天皇四十年是歳条は、ヤマトタケルの死去後の情況について次のように記している。

> 即ち群卿《まへつきみたち》に詔し百寮《つかさつかさ》に命《みことおほ》せて、仍《よ》りて伊勢国の能褒野《のぼの》陵に葬りまつる。時に日本武尊、白鳥と化《な》りたまひて、陵より出て、倭国を指して飛びたまふ。群臣等《まへつきみたち》、因りて、其の棺槻《ひつぎ》を開きて視たてまつれば、明衣《みそ》のみ空しく留りて、屍骨《みかばね》は無し。是《ここ》に、使者を遣して白鳥を追ひ尋《もと》めぬ。則ち倭の琴弾原《ことひきはら》に停れり。仍りて其の処に陵を造る。白鳥、更《また》飛びて河内に至りて、旧《ふる》市邑《いちのむら》に留る。亦《また》其の処に陵を作る。故《かれ》、時人《ときのひと》、是の三の陵を号《なづ》けて、白鳥陵と曰ふ。然して遂に高く翔《と》びて天に上りぬ。徒《ただ》に衣冠《みそかがふり》を葬《をさ》めまつる。

ヤマトタケルが死してのちに白鳥と化して飛び去り、その先々に白鳥陵を築造したという、鳥霊信仰にもとづいた著名なヤマトタケル白鳥化成飛翔譚である。『古事記』でも似た内容になっているが、白鳥陵は伊勢の能煩野と河内の志幾の二つだけであり、『日本書紀』の白鳥三陵伝説は、ヤマトタケル物語のなかでも比較的新しく加上された部分であろう。また、この部分は「明衣のみ空しく留りて、屍骨は無し。」「徒に衣冠を葬めまつる。」とあることから明らかなように、ヤマトタケルの尸解仙《しかいせん》説話[37]ともなっている。

[36]

尸解仙というのは、中国の道教信仰にもとづく昇仙法、仙人になる方法の一つである。四世紀初めに葛洪《かっこう》の著した『抱朴子《ほうぼくし》』「内篇」論仙には、「最上の道士は肉体のまま虚空に昇る。これを天仙という。中位の道士は名山に遊ぶ。これを地仙という。下位の道士は一旦死ぬが、後で見ると蟬のように藻抜けの殻。これを尸解仙という。[38]」とある。『日本書紀』推古天皇二十一年十二月条の、聖徳太子が片岡山遊行の際に出会った「飢者」は実は「真人《ひじり》」であり尸解して墓中に彼の屍《しかばね》はなかったという説話は、[39]『日本書紀』における明確な尸解仙説話として著名なものである。尸解仙信仰の伝来時期など明瞭でない点もあるが、尸解仙信仰と習合する以前のヤマトタケル物語の結末部は、仲哀天皇紀元年十一月条のヤマトタケルの陵池に白鳥を放ったという伝承から推察されたのと同様の、鳥霊信仰にもとづいて古墳から白鳥を放つないしは古墳に水鳥形埴輪を立てる儀礼に起源する説話ではなかったかと考えられる。[40]

ところで、ヤマトタケル物語にとって複数の白鳥陵は必要不可欠の要素ではなく、本来のヤマトタケル陵は伊勢の能褒野陵のみであり、[41]大和や河内のそれは新しく加上されたものであろう。それでは他の白鳥陵伝承はどのように成立し、加上されたのであろうか。この疑問を解く鍵は、土師氏にあると思われる。

まず、河内国の白鳥陵については『古事記』『日本書紀』の間で志幾、旧市（古市）と所伝に差異があるが、いずれも古市古墳群内のどれかの古墳を指しているものとみられ、許容範囲内の表記差といえる。(42) 現在、古市古墳群のなかの前の山古墳（大阪府羽曳野市軽里）が白鳥陵に治定されているが、この古市古墳群周辺が河内の土師氏の本貫であったことは改めて述べるまでもない。

次に、大和国の白鳥陵の所在地とされる琴弾原は、『日本書紀』允恭天皇四十二年十一月条の「琴引坂」の付近とみられる。琴引坂は現奈良県御所市柏原と御所市富田の間の須阪峠の辺りに比定され、(43) 白鳥陵は御所市富田に治定されている。なお、白鳥陵を現治定地のやや北東に位置する鑵《かん》子《す》塚《づか》古墳（御所市柏原）に比定する説もあり、ここからは水鳥形埴輪も出土している。

ところで、この御所市柏原の西、富田の北に位置するのが、孝安天皇の「玉手丘上陵」治定地であり、葛城襲津彦の孫の「玉田宿禰」の本拠地ともみられる、大和国葛上郡玉手（現御所市玉手）の地である。延喜主計式上の大和国の調の品目に「玉手土師坏」がみえるが、これはこの葛上郡玉手の地で生産されたものであるため玉手の地名を冠していると考えられる。つまり、大和の白鳥陵伝承地付近にも土師器生産集団（土師氏、ないしは土師部）の居住していたことが知られ、その時期は定かではないが、白鳥陵伝承と土師氏の関係が推察される。

最初に白鳥陵を築いたと伝える能褒野《のぼの》（能煩野）は伊勢国鈴鹿郡にあり、現在は三重県亀山市田村町の王塚古墳が白鳥陵に治定されている。[44] しかし、現白鳥陵の北東約五キロに位置する白鳥塚一号墳（鈴鹿市石薬師町）にあてる説もあり、伊勢国の白鳥陵の比定も必ずしも確定的ではない。ヤマトタケル自体、実在の疑問視される人物であるから、その陵の所在地が不明確であるのも当然といえよう。ただ、当時はヤマトタケルが実在の人物と信じられていた以上、物語が現在みるような形にまとめられる際には、各白鳥陵の現地比定も行なわれたであろう。したがって、各白鳥陵伝承成立についての考察は、ヤマトタケル物語の結末部の形成を知るうえでも重要である。

なお、白鳥塚一号墳に隣接し、ヤマトタケルを祭神として鎮座する加佐登《かさと》神社（鈴鹿市加佐登町）には延喜式内社倭文《しどり》神社（祭神は天羽槌雄命《あめのはづちを》）が合祀されているが、『日本書紀』景行天皇五十三年十二月条に景行天皇の行宮と記す「綺宮《かにはたのみや》」伝承地もこの辺りとみられている。ヤマトタケルだけでなく、その父である景行天皇との関係も伝えられていることは留意される。

ところで、伊勢国の土師氏関連の伝承としては、『日本書紀』雄略天皇十七年三月条がある。

> 土師連等に詔して、「朝夕の御膳《みけつもの》盛るべき清器を進《たてまつ》らしめよ」とのたまへり。是に、土師連の祖吾笥《あけ》、仍りて摂津国の来狭狭村、山背国の内村・俯見《ふしみ》村、伊勢国の藤形村、及び丹波・但馬・因幡の私の民部を進る。名《な》けて贄土師部《にへはじべ》と曰ふ。

伊勢国藤形村などに贄土師部を設置したと伝えているが、この藤形村は『太神宮諸雑事記』[45]垂仁天皇二十五年条に「安濃郡藤方宮」とあり、現三重県津市藤方に比定されている。ただ、津市藤形は亀山市の現白鳥陵、鈴鹿市の白鳥塚一号墳のいずれとも二〇キロ余りの距離があり、藤形村の贄土師部と白鳥陵の関係を想定するにはやや離れすぎの感が強い。

次に、『日本書紀』安閑天皇元年閏十二月是月条に、廬城部連枳莒喩《いほきべのむらじきこゆ》の事件に関連して、物部大連尾輿《をこし》が伊勢国の来狭狭と登伊の贄土師部などを奉献したとある。しかし、この来狭狭は先の雄略天皇紀十七年三月条の贄土師部設置記事に摂津国来狭狭村とあることから摂津国の誤りとみられ、(46)また、登伊の場所についても詳らかでない。

ところが、『延喜式』神名帳の伊勢国河曲郡の項には土師神社が記されており、現三重県鈴鹿市土師町の土師神社と土師西神社(両社の間は約二五〇メートル)がその候補にあげられている。(47)本来の土師神社がいずれであるかは措《お》くとして、同社はその社号からみて、この辺りに居住した土師氏の奉斎する神社であったと思われる。土師神社・土師西神社と鈴鹿市白鳥塚一号墳の間は約八キロ、同じく亀山市の現白鳥陵との間は約一〇キロの距離であり、いずれも比較的接近した位置にあるといえる。おそらく、伊勢国能褒野の白鳥陵伝承と河曲郡鎮座の土師神社を奉斎したとみられる土師氏の間にも、何らかの関係が存在したものと推察される。

このように、河内・大和・伊勢の各白鳥陵に接近して土師氏のいたことが知られるが、これはまた、各白鳥陵伝承の形成や伝承に各地の土師氏の与《あずか》るところが少なくなかったことをも示唆しているといえる。[48] ただし、各白鳥陵伝承がその当初からヤマトタケルのものとして成立したのか否かについては、能褒野のそれを除いて疑問もある。[49] 白鳥陵という陵名の成立時期が明瞭でない点もあるが、これらがヤマトタケルの白鳥化成の物語に組み込まれる以前には、被葬者の霊魂を冥界へ旅立たせるための呪具として水鳥形埴輪や鳥形木製品、あるいは実際に生きた白鳥などを用いた鳥霊信仰にもとづく喪葬儀礼や、その儀礼の営まれた古墳の伝承が、白鳥塚や白鳥陵といった名称とともに各地で別々に存在していたのではないかと考えられる。ヤマトタケル物語の結末部と土師氏の密な関係については、すでに諸先学の指摘するところであるが、[50] こうした各地の白鳥陵伝承を吸収するかたちで、中央の土師氏がヤマトタケルの白鳥化成と飛翔、三白鳥陵の造営という一連の物語に構成したものであろう。

このほかに、ヤマトタケルの三つの白鳥陵造営伝承（特に大和と河内のそれ）の形成には、出征中に畿外で死去した王侯や将軍らの遺体や霊魂は彼らの本貫に帰るべきであるという、古代の支配者層の観念も間接的ではあるが影響を与えていると思われる。たとえば、『日本書紀』推古天皇十一年二月条によれば、筑紫で死去した征新羅将軍の来目皇子は周芳《すおう》の娑婆《さば》で殯のあと、河内まで運ばれて埴生山岡上に埋葬された。また、同じく斉明天皇七年条によると、百済救援の出兵の最中、筑紫の朝倉橘広庭宮で死去した斉明天皇は、大和まで運ばれて飛鳥川原で殯のあと、天智天皇六年になって高市郡小市岡上陵に埋葬された。

なお、ヤマトタケルの化した白鳥が次々と飛翔するという部分の付加が、ヤマトタケルの悲劇性やこの物語の文学性をより高める効果をもたらしたことは言うまでもない。

土師氏の職掌としては、埴輪や土師器の生産、古墳築造や喪葬儀礼の執行等が想定されるが、喪葬儀礼は埴輪や古墳のように物として遺存しないこともあって、その実態は必ずしも明瞭ではなかった。そこで、本章では土師氏関連の説話・伝承等について分析・考察をすすめ、土師氏が営んだとみられる喪葬儀礼の一部について具体的に推察し、復元を試みた。

要約すれば、古墳築造を安全にすすめるために耳割け鹿と百舌鳥を用いて古墳築造地の地主神を退去・遷却させる儀礼、鳥霊信仰にもとづいて古墳に水鳥形埴輪や鳥形木製品を樹立したり生きた白鳥を放って被葬者の霊魂を冥界へ旅立たせる儀礼、古墳から白鹿を放って地主神を遷却、ないしは被葬者の霊魂を冥界へ出立させる儀礼などを復元した。

もちろん、これら以外にも、殯宮での遊部(51)の供奉や楯節儛《たてふしのまい》（楯伏儛(52)）をはじめさまざまな喪葬儀礼が土師氏らによってとり行なわれたであろうが、それについては別の機会に改めて考えてみたい。

第六章　神々の没落

土地や河海、岩石や樹木、鳥・獣・虫・魚など自然界のあらゆる事物には神（精霊）が宿り、それらのさまざまな変異はそれを占有する神の意志の顕現であると信じていた古代の人々は、自然界の事物を自分のものとして占拠したり手を加えて使用しようとする場合、それに先立って必ず神との交渉が必要であると考えていた。つまり、人はその営為に先立って神に対する祭儀を行なわなければ、神の妨害にあってそれを安全・確実にすすめることはできないと信じていた。自然と一体化し、自然の一部として存在した古代の人々にとって、自然界を支配すると信じた規範を遵守するのは当然のことであった。したがって、その祭儀は、地主神や河伯、雷神や木霊などに自然の一部を占有・利用することの許諾を得ようとするものであった。

ところが、時代の降るとともに世俗的権威や合理的精神を重視する思潮が広がってくると、その祭儀も神を他所へ遷却・追放する側面が強調され、人が神よりも優位に立とうとする傾向があらわれる。前章で延べた古墳築造の際の地主神遷却も、このような呪的儀礼のひとつであった。こうした神信仰や祭儀の変貌は、神の側からいえは神々の没落[1]と言えよう。本章では、没落してゆく神々の姿を儀礼や呪術に留意しながら具体的に見てみたい。

一　谷地神の遷却と追放

古老《ふるおきな》のいへらく、石村《いはれ》の玉穂の宮に大八洲馭《おほやしましろ》しめしし天皇のみ世、人あり。箭括《やはず》の氏の麻多智《またち》、郡より西の谷の葦原を截《きりはら》ひ、墾闢《ひら》きて新に田に治《は》りき。此の時、夜刀《やつ》の神、相群れ引率て、悉《こと》盡《ごと》に到来《き》たり、左右《かにかく》に防障《さ》へて、耕佃《たつく》らしむることなし。俗《くにひと》いはく、蛇を謂ひて夜刀の神と為す。其の形は、蛇の身にして頭に角あり。引率《ひきゐ》て難を免《まぬが》るる時、見る人あらば、家門を破滅し、子孫継がず。凡《すべ》て、此の郡の側の郊原《のはら》に甚多《いとさは》に住めり。是《ここ》に、麻多智、大きに怒の情を起こし、甲鎧《よろひ》を着被《つ》けて、自身《みずから》仗《ほこ》を執り、打殺し駈逐《おひや》らひき。乃ち、山口に至り、標《しるし》の梲《つゑ》を堺の堀に置《た》て、夜刀の神に告げていひしく、「此より上は神の地と為すことを聴《ゆる》さむ。此より下は人の田と作《な》すべし。今より後、吾、神の祝《はふり》と為りて、永代《とこしへ》に敬ひ祭らむ。冀《ねが》はくは、な祟りそ、な恨みそ」といひて、社を設けて、初めて祭りき、といへり。即ち、還《また》、耕田一十町余を発《おこ》して、麻多智の子孫、相承《う》けて祭を致し、今に至るまで絶えず。其の後、難波の長柄《ながら》の豊前《とよさき》の大宮に臨軒《あめのしたしろ》しめしし天皇のみ世に至り、壬生連麿《みぶのむらじまろ》、初めて其の谷を占めて、池の堤を築かしめき。時に、夜刀の神、池の辺の椎株《しひのき》に昇り集まり、時を経れども去らず。是に、麿、声を挙げて大言《たけ》びけらく、「此の池を修めしむるは、要《むね》は民を活かすにあり。何の神、誰の祇《くにつかみ》ぞ、風化《おもむけ》に従はざる」といひて、即ち、役《えだち》の民に令《おほ》せていひけらく、「目に見る雑《くさぐさ》の物、魚虫の類は、憚《はばか》り懼《おそ》るるところなく、随尽《ことごと》に打殺せ」と言ひ了《を》はる応時《そのとき》、神《あや》しき蛇避け隠りき。謂はゆる其の池は、今、椎井の池と号《なづ》く。

『常陸国風土記』行方郡《なめかた》条に載る右の伝承は、これまでも論及されることの多かった著名なものであるが、煩を厭わず長々と引用したのは、そこに、時とともに没落してゆく神の姿を見いだすことができるからである。この伝承は、内容上、六世紀前葉の石村玉穂宮大八洲所馭天皇（継体）の時のことを伝えた前半と、それより一世紀余りのちの七世紀中葉の難波長柄豊前大宮臨軒天皇（孝徳）の代のこととする後半の、二つの時期の開発説話で構成されている。この一世紀余りの間に、神と人の関係にも大きな変化のあったことが明確に認められる。

まず、説話の前半であるが、継体朝に箭括氏麻多智が葦原を開墾して新しく水田をひらこうとしたところ、夜刀神（谷地神、谷沢を支配する地主神）の妨害にあったことから物語は展開する。これが、開発予定地に何らかの権益を有する人々の開発行為に反対する動きを表わしているのか、それともその開発の困難さの原因である自然の脅威の強大なことを表現しているのか、定かではない。それはさておき、この夜刀神は、「俗いはく、蛇を謂ひて夜刀神と為す。其の形は、蛇の身にして頭に角あり。率引て難を免るる時、見る人あらば、家門を破滅し、子孫継がず」とあるように、異形で強大な霊力をもち、土地の人々に畏怖された神であった。有角蛇身というその姿は龍を思わせるが、この場合の角は夜刀神の強大な霊力を象徴しているのであろう。災厄から逃れようとするとき、けっしてその姿を見てはならず、もし見る人があればその家門は破滅し、子孫も断絶してしまうという、猛々しく恐ろしい神であった。夜刀神の霊威があまりにも強大なため、開発をすすめる箭括氏麻多智は「甲鎧を着被けて、自身仗を執」って、開発を妨害する夜刀神に対峙《たいじ》しなければならなかった。霊威の強い神や祟り神の祭儀には、武器を持し武装して臨むことのあったことが知られる。

武装すること、つまり武器の威力によって箭括氏麻多智は夜刀神を「打殺し駈遂ら」うことができたが、完全に追放しえたわけではなかった。開発予定地から夜刀神を遷却した彼は、「山口に至り、標の梲を堺の堀に置て」たとあるように、人が開発して使用する土地と夜刀神が支配する地の間に堀をもうけ、標《しめ》となる柱状木を立てて両者の境界を画定しなければならなかった。(2) さらに、『今より後、吾、神の祝と為りて、永代に敬ひ祭らむ。冀はくは、な祟りそ、な恨みそ』といひて、社を設けて、初めて祭りき」とあるように、祟り恨むことのないように、彼は夜刀神を祭らなければならなかったのである。要するに、箭括氏麻多智は、夜刀神を開墾予定地から遷却して神と人が占有する土地とその境界を画定し、さらに夜刀神を祭ることによって、ようやく「耕田一十町余」を開墾することができたのである。

この段階では、人は神を遷却しながらも、「な祟りそ、な恨みそ」と言って神を祭らなければならなかったのであり、神はいまだ畏《おそ》れ多い存在であった。人と神の対立は表面化し、軋轢《あつれき》は大きくなっているが、いまだ人は神に対する畏敬の念を失ってはおらず、必ずしも人が神よりも優位にあるとはいえない。

それから一世紀余りのちの孝徳朝になって、壬生連麿が、さらにこの谷沢の開墾をすすめるために池を築こうとしたところ、夜刀神が椎株に集まり去ろうとしなかった。「民を活かす」、あるいは「風化」といった新しい知識にもとづく表現もあって留意しなければならないが、開墾にはあくまでも反対であるというこの神の意志が現われている。そこで壬生連麿が、「目に見る雑の物、魚虫の類は、憚り懼るるところなく、随盡に打殺せ」と命じたところ、「神しき蛇」が隠れたという。「魚虫」というのは、この谷沢を占拠する神の象徴であろう。

古代中国の例であるが、『山海経《せんがいきょう》』海外南経には「結匈国の南山よりこなた虫を蛇とよび、蛇をよんで魚という」とある。同じく大荒西経にも「風が北から吹き出すと、天は河川を溢れさせ、蛇は化して魚となる」とあり、中国でも古くから蛇・虫・魚を同一の宗教的象徴とみる観念の存在したことが知られ、参考になる。『常陸国風土記』の場合、魚虫の類＝神しき蛇＝夜刀神とみられるが、壬生連麿の夜刀神に対する態度は箭括氏麻多智とは大きく異なり、彼にとって夜刀神の祭祀などまったく考慮の外のことであった。彼は夜刀神をこの地より追放し、椎井池を完成したのである。

この段階では、神と人の地位は逆転し、人の経済的営為、実際的利益の前に神の存在、その霊威などは、もはや障壁でしかなかった。一世紀余りの間に人々の信仰や価値観が、大きく変貌していることが知られる。

二　樹木神の追放

『日本書紀』推古天皇二十六年是年条は、河辺臣を安芸国へ派遣して船を造らせた際のこととして、次のような物語を伝えている。

是年、河辺臣（分注略）を安芸国に遣して、舶《つむ》を造らしむ。山に至りて舶の材を覓《ま》ぐ。便《たちまち》に好き材を得て、伐《き》らむとす。時に人有りて曰はく、「霹靂《かむとき》の木なり。伐るべからず」といふ。河辺臣曰はく、「其れ雷《いかづち》の神となりと雖《いふと》も、豈皇《あにきみ》の命《みこと》に逆はむや」といひて、多く幣帛《みてぐら》を祭りて、人《おほみたから》夫《や》を遣りて伐らしむ。則ち大雨ふりて、雷電《いなつるび》す。爰《ここ》に河辺臣、剣を案《とりしば》りて曰はく、「雷の神、人夫を犯すこと無《まな》。当《まさ》に我が身を傷《やぶ》らむ」といひて、仰ぎて待つ。十余《とより》霹靂すと雖も、河辺臣を犯すことを得ず。即ち少《ちいさ》き魚に化《な》りて、樹の枝に挾《また》れり。即ち魚を取りて焚《や》く。遂に其の船を修理《つく》りつ。

河辺臣が山で船舶に適した材を得て伐ろうとしたところ、ある人が「霹靂の木なり。伐るべからず」と言って反対したとあり、船舶用材の伐採をめぐり、中央から派遣された河辺臣と安芸国の在地勢力の間に対立・軋轢のあったことを示唆している。そのために河辺臣はまず、霹靂の木に憑依《ひょうい》、あるいはそれを占拠すると在地の人々に信じられていた雷神に多くの幣帛を供進して祭り、雷神（の霊威を畏怖する人々）との間に宥和《ゆうわ》関係を樹立しようと努めなければならなかった。そして、そののちに樹木を伐採しようとしたが「大雨ふりて、雷電す」というありさまで、雷神の祭祀からは彼が期待したような好ましい効果を得られず、伐採もできなかった。

おそらく、最初は雷神を遷却する祭儀を試みたのであろうが、それが成功しなかったため、河辺臣は剣を持して雷神と対峙することにした。すると、雷神は「少き魚に化りて、樹の枝に挾れ」たので、これを火に焼くことによって無事に樹木を伐採し、船舶を造ることができたという。河辺臣の持した剣の霊威が雷神のそれよりも強力なものであったため、雷神はその前に屈服せざるをえなかったということであろう。

なお、この場合の魚は雷神の象徴とみられるが、その魚を挾んだ「樹の枝」も神が憑依・顕現する聖所であった。たとえば、『古事記』上巻は、八十《やそ》神に追われた大穴牟遅《おおなむち》神を御祖《みおや》命が木の俣より漏《く》き逃がし、少名毘古那《すくなひこな》神が神産巣日《かみむすひ》神の手の俣《また》より生まれたと伝えている。(3)また、これは近世の習俗であるが、関東から東北では、家畜を供養するために二股《ふたまた》の木の枝をY字形に切って卒塔婆《そとうば》にしたり、二股の木を馬の守りにしたという。(4)これらが二股の木でなければならない理由はすでに忘れられているが、石上堅氏(5)も、二股の木をめぐる各地の民俗や伝説を多く紹介している。

要するに、樹の股に挾むことは、聖なる場所に雷神が憑依・顕現したことを象徴するものであって、その魚を焼くことによって河辺臣は雷神を追放することができたというのである。これは、雷神を象徴する魚を神聖な木の俣に挟むことによって雷神の顕現となし、その魚を焼くことによって雷神を追放・退治したとする呪的祭儀をもとにした説話であろう。ここでも、神は人の営為を妨げるものとして火に焼かれ、退治される運命にあった。

ところで、これとは別に樹木を伐採する際に行なわれる「トブサタテ」という祭儀があった。樹木伐採時の祭儀としてはこれが一般的であったと思われるが、『万葉集』巻三には、造筑紫観世音寺別当であった沙彌《さみ》満誓《まんぜい》の、次の歌が収められている。

鳥《と》總《ぶさ》立て足柄山に船木伐《き》り樹に伐り行きつあたら船材《ふなき》を　（三九一）

歌は、「トブサを立てて足柄山で船木を伐り、よい木として伐って持っていった。惜しい木であったのに(6)」というほどの意であるが、トブサについて日本古典文学大系『万葉集』一の頭注（一九二頁）は、「トブサは木の末や枝葉の茂った先。樹木を伐るには、伐った後に山の神に対してそのトブサを立てておく風習があった。」と解説する。しかし、これではこの祭儀の目的や意味などはわからない。『万葉集』巻十七にも、大伴家持が春に諸郡を巡行したときの、次の歌がある。

鳥總立て船木伐るといふ能登の島山今日見れば木立繁しも幾代神びそ　（四〇二六）

これは、「トブサを立てて船木を伐るという能登の島山、今日見ると木立が繁っている。幾代を経た神々しさなのであるか」という意である。

樹木伐採時にトブサを立てる目的について松前健氏(7)は、樹を伐られ、すみかを失った木の精が、切株に立てられた梢の中に宿り、そこに再生をするためのものとする。トブサがその樹木を占有する神〔精霊〕を憑依させるためのものであったことは、松前氏の説くとおりであろう。しかし、トブサを伐木の前に立てるのと後に立てるのでは、その祭儀の目的も大きく異なってくる。つまり、通説のように伐木後に立てるのであれば、木の神は引き続き立てられたトブサに憑依し、そこに宿ることになる。しかし、伐木前に立てた〔おそらく伐木とともに撤去される〕とすれば、それは木の神を憑依させてその樹木より遷却するためのものであったと解さなくてはならない。

二首の万葉歌からは、トブサを伐木後に立てたとは読みとりがたい。現在でも沖縄では、丸木舟用の大木を伐採する前に樹霊にウガン〔拝み〕をして伐木を予告し、奄美でも斧を木に立てかけて河童的妖怪と観念されるケンムンの退去を願うなどの儀礼を行なっていることも参考になる(8)。樹木には精霊が憑依すると信じる観念は汎世界的なものであり、樹木伐採前にその精霊を他所に遷し去る儀礼の広く分布することについてはJ・G・フレイザー(9)の報告するところである。

こうした点から、トブサタテも伐木後に行なったのではなく、伐木前にトブサを立てて樹木に宿る神を遷却させる儀礼であったと思われる。松岡静雄氏(10)が説かれるように、おそらくその始原は

「ツバサ（翼）タテ（建）」であり、「伐木にあたり鳥の羽翼を建てゝ、樹精」を遷却させる儀礼であったと考えられる。要するに、トブサタテは樹木に宿る神を伐採前にトブサにつけて他所へ遷却する儀礼であった。

三　水神の追放

地主神や樹木神だけでなく水（河・海）神も遷却・追放の対象であったが、その点で、次の『日本書紀』仁徳天皇六十七年是歳条は興味深い。

是歳、吉備中国の川嶋河の派《かはまた》に、大虬《みつち》有りて人を苦びしむ。時に路人《みちゆくひと》、其の処に触れて行けば、必ず其の毒《あしきいき》を被《かうぶ》りて、多《さは》に死亡《し》ぬ。是《ここ》に、笠臣の祖県守《あがたもり》、為人《ひととなり》勇捍《いさを》しくして強力《つよ》し。派淵《ふち》に臨みて、三の全瓠《おふしひさご》を以て水に投《なげい》れて曰はく、「汝屢《しばしば》毒を吐きて、路人を苦びしむ。余《われ》、汝虬《いましみつち》を殺さむ。汝、是《こ》の瓠を沈めば、余避《さ》らむ。沈むること能《あた》はずは、仍ち汝が身を斬《ころ》さむ」といふ。時に水虬、鹿に化《な》りて、瓠を引き入る。瓠沈まず。即ち剣を挙げて水に入りて虬を斬《き》る。更に虬の党類《ともがら》を求む。乃ち諸の虬の族《やから》、淵の底の岫穴《かふや》に満《いは》めり。悉に斬る。河の水血に変《かへ》りぬ。故、其の水を号《なづ》けて、県守淵と曰ふ。

虬はミツチと訓まれているが蚪の俗字で龍のことであり、ここでは吉備の川嶋河の分岐点ないしは合流点を棲処とする河神のことである。説話は、この河神がここを通る人々を苦しめ、それが原因で死にいたる人も出現するありさまであったため、笠臣の祖の県守が三つの全瓠（丸いままのヒョウタン）を用いて河神を退治したという物語である。具体的には、川嶋河に投下したヒョウタンの浮沈の可・不可を問うものであったが、虬は鹿に変化《へんげ》してヒョウタンを沈めようとしたが果たせず、結局は県守に退治されてしまった。県守の呪術の威力のほうが勝《まさ》っていたということであろうが、ヒョウタンを河川に投下してその浮沈を問うという県守の呪術が、何を意味しているかは分明でない。

そこで参考となるのは、中国南部から東南アジアに広く分布する、大洪水ののちに生き残った兄妹が人類ないしは一族の始祖になるという、兄妹配偶者型洪水創世神話である。そこでは人面龍身あるいは人身龍尾の伏羲《ふくぎ》・女媧《じょか》の兄妹が、洪水から逃れるために用いた乗り物がヒョウタンであった。(11) このようにヒョウタンを水(河)神の乗り物とする信仰の広く存在したことがわかるが、県守が川嶋河に投下したヒョウタンも河神の乗り物であったとみられる。河神の乗り物であるヒョウタンを河川に投下するのは、河神に乗り物を与えて早くその場から遷却させようとする呪的祭儀であった。丸いままの中空のヒョウタンは水中に沈むことはなく、ヒョウタンが流れ去ったことをもって河神が遷却したとみなしたのであろう。人々に害を与える河神も、その場所から遷却されなければならなかったのである。

写真12　赤い文様で飾られた祭祀用弥生土器に入れられたヒョウタン（大阪府・山賀遺跡出土）

なお、アフリカ原産の栽培植物であるヒョウタンを水神の乗り物とする信仰が、いつごろ日本に伝播したのかは明らかでない。しかしヒョウタンそのものは、早くも縄文時代前期の富山県南太閤山Ⅰ遺跡や熊本県曽畑貝塚、福井県鳥浜貝塚などから出土しており、[12] 日本でも古くから知られた植物である。弥生時代になると、大阪府の山賀遺跡（前期）や富山県の江上A遺跡[13]などから出土している。とくに前者は祭祀用とみられる赤彩文土器に入れられ、しかも河川跡からの出土であり、[14] 弥生時代にヒョウタンを水神祭儀の呪物とする観念[15]と祭儀の存在していたことが知られる。

ところで『日本書紀』仁徳天皇十一年十月条も、ヒョウタンを用いた類似の祭儀を伝えている。

冬十月に、宮の北の郊原を掘りて、南の水を引きて西の海に入る。因りて其の水を号《なづ》けて堀江と曰ふ。又将に北の河の澇《こみ》を防《ほそ》かむとして、茨田《まむた》堤を築く。是の時に、両処《ふたところ》の築かば乃ち壊《くづ》れて塞《ふさ》ぎ難き有り。時に天皇、夢みたまはく、神有《ま》しまして誨《をし》へて曰したまはく、「武蔵《むさし》人強頸《ひとこはくび》・

河内人茨田連衫子《まむたのむらじころものこ》（訓注略）二人を、以て河伯《かはのかみ》に祭らば、必ず塞ぐこと獲《え》てむ」とのたまふ。則ち二人を覓《ま》ぎて得つ。因りて、河神に禱《まつ》る。爰《ここ》に強頸、泣《いさ》ち悲《かなし》びて、水に没《い》りて死ぬ。乃ち其の堤成りぬ。唯し衫子のみは全匏《おふしひさこ》両箇《ふたつ》を取りて、塞き難き水に臨む。乃ち両箇の匏を取りて、水の中に投れて、請《うけ》ひて曰はく、「河神、祟りて、吾を以て幣《まひ》とせり。是を以て、今吾、来《きた》れり。必ず我を得むと欲《おも》はば、是の匏を沈めてな泛《うかば》せそ。則ち吾、真《まこと》の神と知りて、親《みづか》ら水の中に入らむ。若《も》し匏を沈むること得ずは、自《おの》づからに偽《いつはり》の神と知らむ。何《いかに》ぞ徒《ただ》に吾が身を亡さむ」といふ。是に、飄風《つむじかぜ》忽に起りて、匏を引きて水に没む。匏、浪の上に転《ま》ひつつ沈まず。則ち潝潝《とくすみやか》に汎《うきをど》りつつ遠く流る。是を以て、衫子、死なずと雖《いへど》も、其の堤亦成りぬ。是、衫子の幹《いさみ》に因りて、其の身亡びざらくのみ。故、時人、其の両処を号けて、強頸断間《たえま》・衫子断間と曰ふ。

仁徳天皇が難波高津宮の北に堀江を掘削するのに関連して茨田堤を築こうとしたとき、夢にあらわれた神の教えに従って武蔵人の強頸と河内人の茨田連衫子に河伯（河神）を祭らせたところ、強頸は河伯の犠牲となることによって堤を築くことができた。これに対して、茨田連衫子はヒョウタンを用い、河伯の犠牲になることなく堤を築くことができたと伝えている。(16) 河伯は祟り、犠牲を要求する猛々しい神であったが、ここでは河伯に対する強頸と衫子の新・旧二様の態度を対比させながら描くとともに、衫子を顕彰しようとしている。(17) 衫子にとって築堤を妨げ祟る神は「真の神」ではなく「偽りの神」であるから、犠牲を捧げて祭ることなど不要であった。彼が水中にヒョウタンを投下したのは、先の県守とまったく同一の、河伯に乗り物を与えて遷却しようとする呪術である。ヒョウタンの速やかな流失により築堤が可能となったのは、それをもって築堤の妨げとなる河伯が遷却されたとする共通の認識・信仰が存在したからである。

ここでも、人の営為の妨げとなる祟り神に犠牲を捧げる必要はなく、それは「偽りの神」であって速やかに他所へ遷却・追放されなければならないという、現実生活重視の態度が表白されている。また、『古事記』仲哀天皇段にも、神功皇后の新羅出兵時の、次のような興味深い物語が伝えられている。

> 是は天照大神の御心ぞ。亦底筒男《そこつつのを》、中《なか》筒男、上《うは》筒男の三柱の大神ぞ。此の時に其の三柱の大神の御名は顕れき。今寔《まこと》に其の国を求めむと思ほさば、天神地祇《あまつかみくにつかみ》、亦山神及《また》河海の諸の神に、悉に幣帛を奉り、我が御魂を船の上に坐せて、真木《まき》の灰を瓠《ひさご》に納《い》れ、亦箸《はし》及比羅伝《ひらで》（訓注略）を多《さは》に作りて、皆皆大海に散らし浮かべ度《わた》りますべし。

神功皇后が新羅へ出兵しようとした際に、航海神である住吉三神（底筒男・中筒男・上筒男）が、天神地祇をはじめ諸神に幣帛を奉り、住吉神の御魂を船上に勧請し、さらに真木の灰を入れた瓠・箸・比羅伝（平らな食器）を多く作り、これを大海に散らし浮かべたならば、安全に渡海できるであろうと教えた。その教えのとおりに行ない出兵は成功したと伝えるが、大海に投下されたこれらの品々は海神祭儀の呪物であり、安全な航海を確保するためのものであったとみられる。箸や比羅伝などの食器は海神を饗するためのものであるという説[18]、その海上への投下は両者の浮遊力の良さから発した渡海安全祈願であるとともに海神への饗応呪術であるという説[19]などがあるが、食器の供献でどうして航海の安全を確保できるのか明らかでない。

真木の灰の入ったヒョウタンについても、真木の浮遊力の良さから発した渡海安全祈願の呪術[20]との理解もあるが、説得力が弱い。ヒョウタンと水神の関係については先に述べたところであるが、『三国史記[21]』「新羅本紀」第一に、新羅王の家臣である瓠公《ここう》はもともと倭人で、むかしヒョウタンを腰にさげて海を渡り新羅に来たので瓠公と称した、とあるのも参考になろう。おそらく、真木の灰の入ったヒョウタンは海神の乗り物を象徴し、その投下は渡海を妨げるおそれのある海神を航路より遷却しようとする呪術であったと考えられる。

「真木」は樹種をいうのではなく聖木であることの表現であろうが、その灰の意味するところは明らかではない。ただ、紀元前二世紀に淮南《わいなん》国王の劉安が編纂した『淮南子《えなんじ》[22]』覧冥訓第六の記載が参考になるかもしれない。

いったい、物が互いに変化し影響しあう玄妙さは、どんな叡智でも見きわめがたく、どんな雄弁でも説きあかせぬ。例えば、（中略）蘆の灰で地上に円を描いてその一端を描きのこせば、天の月の暈《かさ》の一端も欠け、大きな鯨が死ぬとき彗星があらわれるなどというのも、やはり感応なのである。

五行思想や感応説に彩られた記述であるが、蘆《あし》の灰で地上に円を描いてその一端を描き残せば、実際に天の月の暈も欠けるという。何を意味しているのか明瞭でないが、一種の類感呪術とみられ、月に暈がかかった翌日は雨が降ることから、降雨に関する呪術ではなかったかと推考される。蘆の灰に水にかかわる呪力が認められていたようであるが、同書はさらに次のように記している。

太古の世、東西南北の極が破裂し、中国の九州がバラバラになった。（中略）そこで、女媧があらわれ、まず五色の石を錬りあげて、青空の穴をふさぎ、大亀の脚を切りとって、東西南北の四極の方位を建てなおした。また、黒竜を殺して冀州の大雨を停止させ、蘆の灰を積みあげて大洪水をおしとどめた。

すべての秩序が解体したあとの世界を再構築した際に、蘆の灰を積みあげて大洪水をおしとどめたという。蘆の灰で洪水を防ぐことなど実際には不可能であるから、これは蘆の灰に水を制御する呪力があるとの信仰にもとづく呪術について伝えたものであろう。これが五行思想の五行相勝説にもとづく「土徳の灰は水徳に剋《か》つ」との観念より出たものか、あるいは他の信仰や観念にもとづくものなのか定かではないが、中国に古くから灰が水を制御する呪力をもつという観念の存在したことは確かである。神功皇后がヒョウタンに入れて投下した真木の灰も、渡海の際に海神を制御することができると信じられた聖なる灰(23)ではなかったと思われる。

いずれにしても、航海を妨げるおそれのある海神もその活動を制御され、遷却されなければならないと考えられていたのであり、単に海を支配する神に航海の安全を祈願するだけでなく、その神を人の統制下に置こうとする積極的な姿勢が窺われる。

四　古代社会の変貌と神々の没落

宗教と政治や経済が未分離な段階にある古代社会では、地域最高の政治的権威といえども神あるいはその宗教的権威を侵犯することは禁忌であり、何びともその霊威には従わなければならないと考えられていた。現実の社会の実際的な場で聖（信仰や宗教）と俗（政治や経済）の対立や葛藤がまったく存在しなかったわけではないが、そこでは両者の間の乖離《かいり》がより少なく、神が現実のすべてを支配すると信じられていた。

たとえば、『日本書紀』景行天皇四十年是歳条は、信濃の大山の神である白鹿の眼に「一箇蒜《ひとつのひる》」を投げつけ殺してしまったヤマトタケルが、「忽《たちまち》に道を失《まど》ひて、出づる所を知らず」、ついには死に至ったと伝えている。同じく、仲哀天皇八年九月および九年二月条は、神託を信じなかった仲哀天皇が「忽に痛《なや》身みたまふこと有りて、明日に、崩《かむあが》りましぬ。（中略）即ち知りぬ。神の言を用ゐたまはずして、早く崩りましぬることを」と、神への信仰が何よりも重いことを強調する。また、雄略天皇七年七月条は、少子部連蜾蠃《ちひさこべのむらじすがる》に命じて捕捉させた三《み》諸《もろ》岳の大蛇（大物主神）を斎戒《ものいみ》せずに見ようとした雄略天皇は、「其の雷《かみ》虺虺《ひかりひろめ》きて、目精《まなこ》赫赫《かかや》く」姿を正視することができず、目を覆い殿中に退去せざるをえなかったと記している。

　このように、神を象徴する聖獣に危害を加えたり、斎戒せずに他者の奉斎する神に接することなどは禁忌であり、神の霊威を犯せばたちまちに困惑や異変が生じ、神の言を信じないだけで死にいたることもあると考えられていた。神の前に平伏し、その信仰と祭儀を何よりも重視しなければならないとする宗教的態度は、ときには神の存在をも否定し他所へ遷却・追放しようとする態度と、大きく隔絶するものといえる。『常陸国風土記』行方郡条の継体朝の箭括氏麻多智と孝徳朝の壬生連麿、『日本書紀』仁徳天皇十一年十月条の武蔵人強頸と河内人茨田連衫子の間にみられる宗教的態度の差は象徴的である。要するに、神と人、従前の宗教的権威と現実の世俗的価値の地位が逆転しているのである。

　古代日本の宗教観・自然観のこのような変貌が、いつ、なぜ生起したのか、さらに詳細かつ多面的に考察する必要がある。いまそれについて詳述する余裕はないものの、大まかな見通しのみを述べてみれば、その一つに、政治的な地域統合の進展にともなって政治的権威や現実生活を重視する傾向の強くなったことが考えられる。古代日本の伝統的な神信仰は本来、氏族性・地域性をもつものであったが、画一的な全国統治体制を確立するためには、排他的な氏族性や地域性をもつ伝統的な神信仰はかえって邪魔になり、払拭《ふっしょく》されなければならなかった。おそらく、政治的な地域統合の進展、統一王権の確立にともなう支配体制の強化とともに、従前の王権や氏族、地域社会などが色濃くもっていた呪術的、宗教的側面が薄れていったのに反し、政治的な権威や価値を優先し重視する風潮が、宮廷や支配層をはじめとして社会のなかに表出してきたものと推考される。

次に、自然を克服しての著しい経済開発の進展は、人の営為を束縛・制約する非合理的な神信仰よりも経済的な要求や価値を優先させ、それに矛盾・対立する存在は否定しようとする方向にむかわせる。経済生活の拡大により、神の霊威はその妨げでしかなく、そうした神は他所へ遷却・追放されなければならないと考えられるようになった。つまり、経済開発の進展は、人々に自然を克服することができるとの自信をもたらし、結局、彼らは自然の脅威より脱却し、自然の神秘性は薄れていった。そして、人文主義が高まり合理的な思考が可能になるとともに、非合理的な神の霊威は没落し、その信仰は衰退していったのである(24)。

さらに、いま一つは文化のうえでの新しい傾向の出現、特に海外からの仏教や儒教、神仙思想などの伝来による、伝統的な宗教的価値観の変化が想定される。海外からの新しい文物の伝来にともない、より現実を重視する論理、思潮の浸透が推察されるが、新しい価値観の前に伝統的な神観念、旧い信仰も変化せざるをえなかったと考えられる。

このような政治や経済、文化のうえでの新しい傾向は、伝統的な宗教的権威の軽視や宗教的禁忌の侵犯などの行為とも容易に結びつく。[25] 神々の没落の背景には、従前の宗教的価値観を変化させる、古代社会の大きな変貌が存在したのである。

注

第一章

（1）読み下し文は、日本古典文学大系本（川口久雄校注）による。
（2）日本古典文学大系本（志田延義校注）による。
（3）大和国にも同名の山があるが、『古事記』上巻天石屋戸段には天香山之真男鹿之肩と天香山之天之波波迦を用いて鹿卜（鹿の骨を焼いて神意の所在を判断する卜占）を行ない、『日本書紀』神代上第七段一書第一には天香山之金を採って日矛を作り真名鹿之皮をはいで天羽鞴（ふいご）を作ったとあり、それぞれ鹿との関係を伝えている。これら神話上の天香山は大和のそれを反映したものとみられるが、播磨の香山とともに鹿にかかわる伝承が存在することは留意される。
（4）本書における風土記の引用は、すべて日本古典文学大系本（秋本吉郎校注）による。
（5）狩猟の際に射目人（射手）をたてたことは『万葉集』巻六の長歌（九二六）にもみえるが、射目の機能から「射目立てて」は「跡見《とみ》」（一五四九）の、また「射目人」は「伏見」（一九六六）の枕詞としても使用された。
（6）吉田東伍『大日本地名辞書』上巻（一九〇七年）、八八五～八八六頁。
（7）「夢あわせ」とは、夢を解釈することであり、善く合わせると実際に吉となり、悪く合わせるとそのとおり凶事が起こると信じられた。西郷信綱「夢あわせ」（『古代人と夢』一九七二年）。
（8）先のイメサキ（射目前）といい、このイメノ（夢野）といい、両説話の地名の類似も単なる偶然ではないかも知れない。

（9）『日本書紀』応神二十二年条・同仁徳即位前紀・同履中即位前紀、『万葉集』巻六の九三三・九三四等。『和名抄』には三原郡に阿万《あま》郷がみえる。
（10）以下の引用は、日本古典文学大系本（坂本太郎ほか校注）による。
（11）佐伯部が、『日本書紀』景行五十一年八月条や『新撰姓氏録』佐伯直条に記されるように、蝦夷をもって編成された部であったか否か定かではない点もあるが、播磨・讃岐・阿波・安芸・伊予など瀬戸内海沿岸地域に移配されたという佐伯部は、他の史料のうえでも確かめられる。津田左右吉『日本上代史の研究』（一九四七年）三二～三三頁。直木孝次郎「門号氏族」（『日本古代兵制史の研究』一九六八年）。佐伯有清『新撰姓氏録の研究』考證篇第二（一九八二年）二四七～二五八頁。なお、この佐伯部の移配地と鹿の渡海伝承の分布が重なることは留意される。
（12）『続日本紀』延暦二年六月乙丑条に「佐伯沼田連」、『日本後紀』延暦十五年十一月己酉条には「沼田郡采女佐伯直那賀女」の名がみえ、安芸国佐伯郡（『和名抄』）もあった。
（13）岡田精司「古代伝承の鹿――大王祭祀復元の試み」（直木孝次郎先生古稀記念『古代史論集』上巻、一九八八年）。
辰巳和弘『高殿の古代学――豪族の居館と王権祭儀』（一九九〇年）二〇八頁以下。
（14）本書の『万葉集』引用は日本古典文学大系本（高木市之助・他校注）による。ただし、一四一七の和歌については、大系本は原文「鹿子」「水手」を共に「鹿児」に置き換えているが、私は原文のままのほうがこの和歌本来の意をよく伝えると考え、原文用字を採った。
（15）谷川健一「狩に騒ぐ太古の血――鹿」（『神・人間・動物――伝承を生きる世界』一九八六年）。
（16）岡田精司、注13。
（17）杉山二郎「薬猟考」（『朝鮮学報』第六〇輯、一九七一年）。
（18）シャマンとは、神や精霊からその呪的能力を得、それとの直接交流によって託宣、予言、治病、祭儀などを行なう呪術者のこと（『文化人類学事典』一九八七年）。

(19) ウノ・ハルヴァ(田中克彦訳)『シャマニズム――アルタイ系諸民族の世界像』(一九七一年)五八頁以下。
(20) アレクセイ・オクラードニコフ(加藤九祚・加藤晋平訳)『シベリアの古代文化――アジア文化の一源流』(一九七四年)九四頁以下。
(21) ミルチャ・エリアーデ(堀一郎訳)『シャーマニズム――古代的エクスタシー技術』(一九七四年)八九頁以下。
(22) 赤松智城・秋葉隆『満蒙の民族と宗教』(一九四一年)一七頁以下。
(23) 紀元前一世紀後半(前漢末)の劉向の著。
(24) 『日本書紀』神代下第十段一書第二。
(25) 上田正昭「王権と祭儀」(『日本民俗文化大系』第三巻「稲と鉄」一九八三年)。
(26) 日本古典文学大系『万葉集』第四、頭注(一六三頁)。
(27) こうした鹿装束は、宮城県や岩手県を中心に東北地方に分布する鹿踊りの衣装をも彷彿させる。古野清人『獅子の民俗』(一九六八年)五五~五七頁。大塚民俗学会編『日本民俗事典』(一九七二年)。
(28) なお、『住吉大社神代記』賀古郡阿閉津浜条、および『詞林采葉抄』第七所引『淡路国風土記』逸文にも、断片的なものであるがこれとの関連伝承が記されている。
(29) 柳田国男監修『日本伝説名彙』(一九五〇年)二七八頁。
(30) 吉田東伍『大日本地名辞書』下巻、四二三〇頁。
(31) 大林太良「海と山に生きる人々」(『日本民俗文化大系』第五巻「山民と海人」一九八三年)。
(32) 神澤勇一「弥生時代・古墳時代および奈良時代の卜骨・卜甲について」(『日本考古学論集』第三巻「呪法と祭祀・信仰」一九八六年)。
(33) 注27。
(34) 以下の記述は、鹿島神宮の矢作幸雄氏の御教示による。
(35) 鎌倉時代末頃成立の『鹿島宮社例伝記』(『続群書類従』第三輯下)、『春日社記』(『群書類従』第二輯)

など。また、民俗学の立場からの田中久夫「鹿が春日の神の乗り物となった理由」（『関西大学考古学等資料室紀要』第七号、一九九〇年）もある。
（36）大野村角折が遺称地という（日本古典文学大系『風土記』頭注、七七頁）。
（37）以下の記述は、日生町教育委員会教育長磯野良太郎氏の御教示、および同氏より恵与された岡山民俗学会編『日生の観光と民俗』による。
（38）以下の記述は、宮島町教育委員会および厳島神社々務所の御教示による。
（39）『和名抄』によれば、厳島の対岸が佐伯郡海郷であり、東接する安芸郡にも阿満郷があって、この辺が安芸国の海人の本拠地であったことが知られる。
（40）吉田東伍『大日本地名辞書』上巻、一一四五頁。『国史大辞典』第六巻（一九八五年）一三六頁。
（41）千葉徳爾「狼と山犬」（『狩猟伝承研究』後篇、一九七七年）。なお、千葉氏によれば、瀬戸内海では他に香川県の小豆島、山口県の平郡島などにも野性の鹿が棲息するという。
（42）『釈日本紀』巻六所引『伊予国風土記』逸文。
（43）『続群書類従』第三輯下。
（44）NHK編『大黄河』第一巻（一九八六年）一一六〜一一八頁・
（45）週刊朝日百科『世界の地理』第四三四号（一九八四年）。
（46）前田潮「シベリアの狩猟民」（『歴史公論』第一一四号、一九八五年）。
（47）日野昭「允恭紀」（『日本古代氏族伝承の研究』続篇、一九八二年）。
（48）兵庫県津名郡一宮町鎮座。
（49）直木孝次郎「古代の淡路と大和朝廷」（『飛鳥奈良時代の研究』一九七五年）。
（50）千葉徳爾『狩猟伝承』（一九七五年）一〇一頁。
（51）猟師に追いつめられた鹿は、最後には池や川などにとび込むことが多かったという。早川孝太郎『猪・鹿・狸』（一九四二年）。

(52)『大日本地名辞書』中巻、二二七三頁。
(53) 大林太良、注31。これは猪であるが、沖縄県西表島では猪は、龍宮の神の管理下にあると信じられ、捕獲された猪の下顎は旧一月三・四日に龍宮に帰すために海に流すという。国分直一「猪猟と猪の家畜化の問題」(『南島先史時代の研究』一九七二年)。
(54) 山中英彦「志賀の海人」(『万葉集の考古学』一九八四年)。
(55) 岩波文庫本(石原道博編訳)による。
(56) 後藤守一「日本上古時代の弓」(『論集日本民族文化の起源』第四巻「民族学Ⅱ」一九八四年)。なお、弥生時代の弓の出土例には八〇センチから一五〇センチぐらいの間のものが多いが、奈良県唐古・鍵遺跡からは復元長二〇〇センチの長弓が出土しており、弥生時代中頃から長弓化する傾向があるという。奈良県立橿原考古学研究所附属博物館『弥生人の四季』(一九八六年)。
(57) 金関丈夫「長い弓と短い弓」(『考古と古代』一九八二年)。
(58)『日本書紀』本文は「天鹿児弓・天羽羽矢」、『古事記』は「天之波士弓・天加久矢」と記す。
(59) 大林太良「神々と武器」(『東アジアの王権神話』一九八四年)。
(60)『釈日本紀』および日本古典文学大系『日本書紀』上、頭注(一三五頁)。
(61) 千葉徳爾、注50。谷川健一、注15。
(62) 石上英一「律令体制と分業体系」(『日本経済史を学ぶ』上巻、一九八三年)。

第二章

(1)『朝日新聞』一九八七年一月二十八日付朝刊。
(2)『奈良新聞』一九八八年十二月十二日。
(3) 森本六爾「原始的絵画を有する弥生土器について」(『考古学雑誌』第一四巻第四号、一九二四年)。
(4)『考古学雑誌』第六六巻第一号(一九八〇年)および同第六七巻第一号(一九八一年)。奈良県立橿原考

古学研究所附属博物館『絵画と記号』(一九八六年)。橋本裕行「弥生時代の絵物語」(『古代史復元』第五巻、「弥生人の造形」一九八九年)。なお、以下の記述は特にことわらないかぎり右記の文献による。
(5) 橋本裕行、注4。
(6) 春成秀爾『弥生時代の始まり』(一九九〇年)。
(7) 中村友博「祭りの造形と心」(『古代史復元』第五巻「弥生人の造形」一九八九年)。
(8) 伊藤晃「岡山県内出土の弥生時代絵画資料」(『考古学雑誌』第六六巻第一号、一九八〇年)。
(9) 潮見浩「シカの絵のある弥生式土器」(『考古学雑誌』第六〇巻第二号、一九七四年)。
(10) 橋本裕行、注4。
(11) 加藤光臣「広島県内出土の絵画土器について」(『考古学雑誌』第六六巻第一号、一九八〇年)。森貞次郎「弥生時代の遺物にあらわれた信仰の形態」(『神道考古学講座』第一巻、一九八一年)。
(12) 金関恕「弥生人の精神生活」(『古代史発掘』第四巻「稲作の始まり」一九七五年)、同「弥生時代の祭祀と稲作」(『考古学ジャーナル』第二二八号、一九八四年)、同「弥生時代の宗教」(『日本考古学論集』第三巻「呪法と祭祀・信仰」一九八六年)、同「呪術と祭」(『日本考古学』第四巻「集落と祭祀」一九八六年)。上田正昭「古代の祭祀と儀礼」(『日本歴史』第一巻、一九七五年)。小出義治「原神道の世界」(『日本の古代信仰』第一巻「神々の思想」一九八〇年)。山上伊豆母『日本の古代信仰』第五巻「呪禱と芸能」序説(一九八〇年)。『弥生文化の研究』第八巻「祭と墓と装い」一九八七年)所収の各論文など。
(13) 佐々木謙「鳥取県淀江町出土弥生式土器の原始絵画」(『考古学雑誌』第六七巻第一号、一九八一年)。
(14) 金関恕「弥生時代の祭祀と稲作」、同「呪術と祭」(以上、いずれも注12)、および同「弥生土器絵画における家屋の表現」(『国立歴史民俗博物館研究報告』第七集、一九八五年)。
(15) 春成秀爾「銅鐸のまつり」(『国立歴史民俗博物館研究報告』第一二集、一九八七年)。
(16) 金関恕「弥生土器絵画における家屋の表現」、注14。ただし、橋本裕行氏は東海地方西部で銅鐸と絵画・記号土器を同時に使用したまつりが行なわれていた可能性を指摘している。橋本裕行「東日本弥生土器

絵画・記号総論」（『橿原考古学研究所論集』第八巻、一九八八年）。
(17) 奈良県立橿原考古学研究所附属博物館『絵画と記号』（注4）、同『大和を掘る』七（一九八七年）および同博物館展示資料の観察による。
(18) 春成秀爾、注15。
(19) 弥生土器と銅鐸に描かれた鹿の表現の差に意味を認める佐原氏の見解もあるが、私は両者に描かれた鹿の絵は他の共通する画題の場合と同様、基本的には同じものを表現していると考える。佐原真「弥生土器の絵画」（『考古学雑誌』第六六巻第一号、一九八〇年）。
(20) 杉原荘介『日本青銅器の研究』（一九七二年）。三木文雄編『銅鐸』（日本の美術八八、一九七三年）。樋口隆康編『古代史発掘』第五巻「大陸文化と青銅器」（一九七四年）。辰馬考古資料館『銅鐸』（一九七八年）。
(21) 佐原真「三十四のキャンバス」（小林行雄博士古稀記念『考古学論考』一九八二年）。
(22) 小林行雄『古墳の話』（一九五九年）五三頁。他に同氏の「原始のこころ」（『日本文学の歴史』第一巻「神と神を祭る者」一九六七年）、『国民の歴史』第一巻「女王の国の出現」（一九六七年）二一四頁。
(23) 依田千百子氏も銅鐸の動物絵画には宗教的な意味があるとする。依田千百子「古代朝鮮の祭儀と信仰」（『日本の古代』第一三巻「心のなかの宇宙」一九八七年）。また古代中国でも、昆虫や魚が呪術的な絵画に描かれ、また魚神を祀ったり鹿を賜わる礼もあったといわれ、参考になろう。伊藤道治『図説中国の歴史』第一巻「よみがえる古代」一九七六年）。白川静『金文の世界』（一九七一年）第四章。
(24) 鳥越憲三郎『神々と天皇の間』（一九七〇年）二〇頁。
(25) 三木文雄編『銅鐸』、注20。
(26) 三品彰英「銅鐸小考」（『三品彰英論文集』第五巻「古代祭政と穀霊信仰」一九七三年）。
(27) 春成秀爾、注6。
(28) 柳田国男監修『民俗学辞典』（一九五一年）二一および三五九頁。吉井巌「ヤマトタケル物語の原形について」（『日本文学研究資料叢書』「古事記・日本書紀Ⅱ」一九七五年）、同『ヤマトタケル』（一九七六年）三〇頁以下。
(29)『日本書紀』景行二年三月条。
(30)『古事記』応神段。
(31) 小南一郎『西王母と七夕伝承』（一九九一年）。
(32) 佐原真、注21。なお、これを水田を水平にするための水準器とみる見解もある。大林太良「原始の美と呪術」（『図説日本文化の歴史』第一巻「先史・原史」一九七九年）。
(33) 静岡県白岩遺跡から出土した木製の梼と銅鐸絵画の梼の各部の比率はほぼ同じだという。森浩一「日本的生活の芽生え」（『図説日本文化の歴史』第一巻「先史・原史」一九七九年）。
(34) 亀井正道「祭祀遺物」（『古代の日本』第二巻「風土と生活」一九七一年）、同「海路の祭り」（『日本の古代信仰』第三巻「呪ないと祭り」一九八〇年）。三輪嘉六「伊勢神島祭祀遺物」（『日本歴史』第四六二号、一九八六年）。
(35)『延喜式』は延長五年（九二七）に完成した律令の施行細則、補足法典。
(36) 大同二年（八〇七）に斎部広成が撰述。
(37) 龍田風神祭祝詞にも「金の梼」がみえる。金子裕之「楽器・酒造具・紡織具」（『古墳時代の研究』第三巻「生活と祭祀」一九九一年）。
(38) 貝塚茂樹『中国の神話』（一九七一年）五六頁。
(39) 小南一郎、注31。
(40)『日本書紀』神代下、第九段一書第六。
(41) 竹野長次『古事記の民俗学的研究』（一九六〇年）二五九頁。折口信夫「水の女」（『折口信夫全集』第二巻「古代研究・民俗学篇Ⅰ」一九六五年）。山上伊豆母『巫女の歴史』（一九七二年）。
(42) 大林太良、注32。
(43) 佐原真、注21。

(44) 松本信広『論集日本文化の起源』第三巻「民族学Ⅰ」(一九七一年)、解説。
(45) 直木孝次郎『日本の歴史』第一巻「倭国の誕生」(一九七三年)。
(46) 橋本裕行、注4。
(47) 春成秀爾、注15。
(48) 春成秀爾、注6。
(49) 橋本裕行、注4。
(50) 岡田精司「古代伝承の鹿——大王祭祀復元の試み」(直木孝次郎先生古稀記念『古代史論集』上巻、一九八八年)。
(51) 千葉徳爾『狩猟伝承』(一九七五年)二七〇頁以下。
(52) 直良信夫『古代人の生活と環境』(一九六五年)一七六頁。
(53) こうした点から、銅鐸に描かれた鹿は水を表現しているとの見解もある。吉村貞司「水の神話学」(『日本神話の原像』一九七三年)。さらに、水神祭祀に銅鐸が使用されたとの説もある。藤森栄一『銅鐸』(一九六四年)二一六頁以下。木下忠「弥生時代の絵画はどんな生活を物語っているか」(『日本考古学の視点』上巻、一九七四年)。
(54) 『東国李相国全集』巻第三所載。『三品彰英論文集』第三巻「建国神話の諸問題」(一九七一年)にも引用。なお、田中俊明氏の御教示によれば、その成立は『三国史記』よりは若干遡るものの、そう古くはないという。田中氏より原典(複写)の恵与をうけた。
(55) 三品彰英「朱蒙神話と高句麗王の祭政」(『三品彰英論文集』第五巻、注26)。
(56) レ・ヴァン・ラン(荒川研訳)「古代ベトナムの神話と儀礼」(『古代日本と東南アジア』一九七五年)。なお、ベトナム南部の初期青銅文化時代のゾクチュア遺跡上層(前二世紀頃)から、鹿の四足の間を蛇が這う青銅製小像が出土している。同様の小像は中華人民共和国雲南省の石寨山文化期の諸遺跡からも出土しているというが、それがどのような意味を表現しているのか分明ではない。何らかの神話的情景かとも思われるが、水神の象徴である蛇に鹿が犠牲として供献される光景ではないかとの推測もある。横倉雅幸「南部ヴェトナムの青銅器文化」(『古代文化』第三九巻第九号、一九八七年)。
(57)『民俗学辞典』六三八頁。
(58)『令集解』職員令所引古記が引く別記。
(59)延喜臨時祭式。
(60)群馬県の貫前神社や東京都の御嶽神社など。
(61)『古事記』神武東征段。
(62)『日本書紀』神代下、第十段一書第三。
(63)『日本書紀』雄略二十二年七月条。
(64)神澤勇一「弥生時代・古墳時代および奈良時代のト骨・ト甲について」(『日本考古学論文集』第三巻「呪法と祭祀・信仰」一九八六年)、同「日本のト骨」(『考古学ジャーナル』第二八一号、一九八七年)。新田栄治「日本出土ト骨への視角」(『古代文化』第二九巻第一二号、一九七七年)。
(65)神澤勇一「日本のト骨」、注64。
(66)新田栄治、注64。
(67)神奈川県の鉞切・蓼原・大浦山洞窟、海外洞窟、染屋遺跡など。神澤勇一「日本のト骨」、注64。
(68)春成秀爾『弥生時代の始まり』、注6。
(69)金子浩昌「弥生時代の貝塚と動物遺存体」(『三世紀の考古学』上巻、一九八〇年)。長崎県三井楽貝塚・同カラカミ貝塚・同ハルノツジ遺跡・愛媛県阿方貝塚・同片山貝塚・香川県紫雲出遺跡・島根県和井宮貝塚・大阪府勝部遺跡・同池上遺跡・愛知県西志賀貝塚・同瓜郷貝塚など。
(70)三木文雄編『はにわ』(日本の美術一九、一九六七年)。小林行雄『陶磁大系』第三巻「埴輪」(一九七四年)。村井嵓雄編『古代史発掘』第七巻「埴輪と石の造形」一九七四年)。大阪府立泉北考古資料館『大阪府の埴輪』(一九八二年)。奈良県立橿原考古学研究所附属博物館『大和の埴輪』(一九八四年)、同『はにわ

の動物園』Ⅰ「関東の動物埴輪の世界」（一九九〇年）、同『はにわの動物園』Ⅱ「近畿の動物埴輪の世界」（一九九一年）。
(71) 勝部昭「十印のある土器」（『万葉集の考古学』一九八四年）。
(72) 田辺昭三『陶磁大系』第四巻「須恵器」（一九七五年）。田中琢・田辺昭三『日本陶磁全集』第四巻「須恵器」（一九七七年）。
(73) 和歌山県史編さん委員会『和歌山県史考古資料』（一九八三年）。
(74) 小南一郎、注31。
(75) 注73。
(76) 田辺昭三『陶磁大系』第四巻、注72。
(77) 『日本史総覧』第一巻「装飾古墳一覧」（一九八三年）。森貞次郎『装飾古墳』（一九八五年）。
(78) 広島県矢原遺跡や鳥取県稲吉遺跡などから出土した弥生土器絵画にも、渦巻文とともに鹿が描かれているのは留意される。
(79) 新田栄治、注64。
(80) 杉山二郎「薬猟考」（『朝鮮学報』第六〇輯、一九七一年）。
(81) 春成秀爾、注6。
(82) 大阪府立弥生文化博物館『弥生の美』（一九九一年）。
(83) 東京国立博物館ほか『韓国美術五千年展』（一九七六年）。
(84) 一一四五年、金富軾の撰述。
(85) 『三国史記』には新羅王の狩猟記事は少ない。
(86) 朝日新聞社編『文化大革命中の中国出土文物』（一九七三年）。
(87) 東京国立博物館ほか『中華人民共和国古代青銅器展』（一九七六年）。なお、内モンゴルに近い戦国時代後期の墓から一対の銀製牝牡鹿像が出土している。烏恩（玉城一枝訳）「オルドス式青銅器について」（『古代学研究』一一二号、一九八六年)。
(88) 注86。
(89) 伊藤道治、注23。
(90) 湖南省博物館・中国科学院考古研究所『長沙馬王堆一号漢墓』(日本語版、一九七三年)。
(91) 曽布川寛『崑崙山への昇仙――古代中国人が描いた死後の世界』(一九八一年)。
(92) 前漢末の劉向の撰と伝えられる。
(93) 林俊雄「大草原の石人」(週刊朝日百科『世界の歴史』一九、一九八九年)。
(94) 東洋文庫版(村上正二訳注)による。なお、狼と鹿を始祖とする伝説は、イランのアラン族の間にも伝えられるという。
(95) 以上、東京国立博物館ほか『スキタイとシルクロード美術展』(一九六九年)。
(96) 『NHKエルミタージュ美術館』第四巻「スキタイとシルクロードの文化」(一九八九年)。
(97) オリエント博物館・朝日新聞社『南ロシア騎馬民族の遺宝展』(一九九一年)。
(98) 注96。
(99) 注97。
(100) 以上、中近東文化センター編『トルコ文明展』(一九八五年)。
(101) これらについてはエリアーデも、死者を彼岸にみちびく牡鹿や太陽象徴としての黄金の牡鹿などについて詳細に論じている。ミルチャ・エリアーデ(斎藤正二・林隆訳)『エリアーデ著作集』第一二巻「ザルモクスシスからジンギスカンへ(2)」(一九七七年)第四章「ドラゴシュ公と《儀礼的狩り》」。

第三章

(1) 直木孝次郎「門号氏族」(『日本古代兵制史の研究』一九六八年)。瀧川政次郎「猪甘部考(上・下)」(『日本歴史』第二七二・二七三号、一九七一年)。佐伯有清「猪養と猪使氏」(『日本古代氏族の研究』一九八五年）。
（2）『日本書紀』天智三年十二月是月条。
（3）『続日本紀』養老五年七月庚午条。なお、引用は新日本古典文学大系本（青木和夫・他校注）および古典文庫本（林陸朗校注）による。
（4）『続日本紀』天平四年七月丁未条。
（5）日本思想大系本（井上光貞・他訓注）による。
（6）日本古典文学大系本『日本書紀』下、四一九頁頭注。
（7）石上英一「律令国家財政と人民収奪」（『日本経済史を学ぶ』上、一九八二年）。
（8）梵網経、涅槃経など。日本思想大系『律令』補注（五四三〜五四四頁）。
（9）阿含経、四天王経など。日本思想大系『律令』補注（六九五頁）。
（10）『続日本紀』天平十三年三月乙巳条のいわゆる大仏建立の詔。
（11）『類聚三代格』巻十九、禁制事。
（12）新日本古典文学大系『続日本紀』（一）補注（二四九頁）。
（13）「完」は「宍」の俗字としても用いられた。
（14）神祇令によれば大祀は践祚大嘗祭のみ。
（15）日本思想大系『律令』補注（五三七頁）。
（16）『続日本後紀』承和十一年十一月壬子条。
（17）六国史で「喪儀倉」がみえるのはこの条のみ。喪葬令にみえる多くの葬具を収納した倉で、喪葬儀礼を管掌した土師氏の大和における本拠地（添下郡菅原および秋篠）近くに置かれたものか。
（18）『日本三代実録』元慶元年七月壬寅条。
（19）「凡そ先皇の陵は、陵戸を置きて守らしめよ。陵戸に非ずして守らしめば、十年に一たび替へよ。兆域の内に、葬り埋み及び耕《か》し牧ひ樵《きこり》し採ること得じ。」

(20) 原田信男「食事の体系と共食・饗宴」(『日本の社会史』第八巻「生活感覚と社会」一九八七年)。
(21) 山本幸司「貴族社会に於ける穢と秩序」(『日本史研究』第二八七号、一九八六年)。
(22) けものは人間ではなく異界の生物であるから、庶民にとってその肉を食することは、何ら罪や穢とはみられなかったと説かれている。千葉徳爾「狩人と肉食」(『狩猟伝承研究』後篇、一九七七年)。
(23) 原田信男、注20。
(24) 神武天皇が菟田の弟猾から牛肉で饗宴されたと伝えられることとかかわるか。
(25) 日野昭「膳氏の伝承の性格」(『日本古代氏族伝承の研究』続篇、一九八二年)。
(26) 特に、雄略朝の部の設置については疑問が大きい。
(27) 佐伯有清『新撰姓氏録の研究』考證篇第一(一九八一年)三二二~三二七頁。
(28) 志田諄一「阿倍臣」(『古代氏族の性格と伝承』一九七一年)。
(29) 関根真隆『奈良朝食生活の研究』(一九六九年)一三一頁以下。
(30) 長尾勝明著、矢吹金一郎校訂『作陽誌』上巻(一九一二年)三六頁。
(31) 正式書名は『日本国現報善悪霊異記』。奈良薬師寺の僧景戒が九世紀前半に撰述。
(32) ただし、この説話の主人公が供膳を職とした膳臣であることは留意しなければならない。
(33) 『日本霊異記』上巻、第十二話にも大晦日の祖霊供養がみえる。
(34) 久爾慶「万葉動物園」(『明日香風』第二〇号、一九八六年)。
(35) 千葉徳爾『狩猟伝承』(一九七五年)二七〇頁以下、および『狩猟伝承研究』後篇(注22)一一六頁以下。
(36) 横田健一『日本古代の精神』(一九六九年、『神話の構造』に再録)第二章。農耕のための儀礼狩猟と焼畑農耕文化の結びつきを強調する見解もある。しかし、儀礼的狩猟と焼畑農耕の結びつきは古い祭儀習俗が山間僻地に遺制的に残存した結果ともみられ、必ずしも焼畑農耕文化とのみ結びつくものではない。佐々木高明『稲作以前』(一九七一年)二一五頁以下。
(37) 麛坂王・忍熊王叛乱伝承の史実性をめぐり、塚口義信氏と大橋信弥氏の見解の対立があるが、塚口氏によれば、当伝承中の祈狩説話は「かなりのちの時代になってから付け加えられた付属的な要素」であるという。大橋信弥「神功皇后伝説と息長氏」(『日本古代国家の成立と息長氏』一九八四年)。塚口義信「四世紀後半における王権の所在」(『末永先生米寿記念献呈論文集』一九八五年)。

(38) 土橋寛「ウケヒ考」(土橋寛先生古稀記念『日本古代論集』一九八〇年)。

(39) 日本古典文学大系『日本書紀』上巻、補注(五五九頁)。

(40) 夢相に用いる夢は、どこで見た夢でもよいというわけではなく、それにふさわしい神聖な場所(宗教的な聖地)で見たものでなければならなかった。

(41) 西郷信綱「夢あわせ」(『古代人と夢』一九七二年)。

(42) 先にうけいをたてて後に夢を見、その夢をあわせて神意の所在を知るという、夢を手段とするうけいである。たとえば、『日本書紀』崇神四十八年正月条に、

天皇、豊城命《とよきのみこと》・活目尊《いくめのみこと》に勅して曰はく、「汝等二の子、慈愛共に齊《ひと》し。知らず、曷《いづれ》をか嗣《ひつぎ》とせむ。各夢みるべし。朕夢を以て占へむ」とのたまふ。二の皇子、是に、命を被りて、浄沐《ゆかはあみゆするあみ》して祈《の》みて寐《ね》たり。各夢を得つ。

とある。そのほかに、『日本書紀』神武即位前紀戊午年九月条、『龍田風神祭祝詞』、『万葉集』(七六七・二四九七・二五八九)などを参照。

(43) 松村武雄「海幸・山幸の神話」(『日本神話の研究』第三巻「個分的研究篇・下」一九五五年)。

(44) 松村武雄『日本神話の研究』第四巻「綜合研究篇」(一九五八年)五〇六頁。松本信広『日本神話の研究』(一九七一年)四一～四二頁。

(45) 吉田比呂子「巡狩儀礼説話の構造」(『上代文学』第五三号、一九八四年)。

(46) 雄略天皇の葛城山での狩猟伝承をめぐり、直木孝次郎氏と田中卓氏の論争があり、塚口義信氏の見解も発表されているが、いまは立ち入らない。直木孝次郎「葛城氏とヤマト政権と天皇」(藤沢一夫先生古稀記念『古文化論叢』一九八三年)、同「大王家と葛城氏」(『東アジアの古代文化』第四一・四二号、一九八四

年・五年）など。田中卓「不思議な応神天皇活殺論」、同「五世紀の大和王権をめぐって」、同「直木孝次郎氏の『葛城氏と大王家』を評す」（以上いずれも『日本国家の成立と諸氏族』所収、一九八六年）。塚口義信「葛城の一言主大神と雄略天皇」（『堺女子短期大学紀要』第二〇号、一九八五年）。

(47) ただし、実際の祭儀がすべて正の価値象徴（鹿）のみで実修されたとはかぎらない。具体的には分明ではないが、祭儀によっては負の象徴（猪）が必要であった場合も考慮しなければならない。

(48) 宮の造営がその地域の政治的支配権掌握をも意味するものであったことについては、別稿で述べた。平林章仁「敏達天皇系王統の広瀬郡進出について」（『日本書紀研究』第一四冊、一九八七年）

(49) 大林太良氏によれば、神話的な王朝の始祖は勝れた狩人であり、後の王者はこの王朝始祖の狩猟を儀礼的に反復しなければならなかったのであって、淡路島での定期的な狩猟はこうした反復儀礼と解せられるという。大林太良「饒速日の降臨神話と朝鮮の類例」（『東アジアの王権神話』一九八四年）。

(50) 岡田精司「国生み神話について」（『古代王権の祭祀と神話』一九七〇年）。直木孝次郎「古代の淡路と大和朝廷」（『飛鳥奈良時代の研究』一九七五年）。

(51) 杉山二郎「薬猟考」（『朝鮮学報』第六〇輯、一九七一年）。和田萃「薬猟と『本草集注』」（『史林』第六一巻第三号、一九七八年）。

(52) 薬効の勝れた鹿茸採取を主たる目的としたから薬猟と称されたのであろう。薬猟が行軍編成をとっていることから王権の強大さを誇示、あるいは王権の領有権の所在を確認する目的があったと説かれているが、これは二次的なものであり、薬猟本来の目的ではなかろう。森田喜久男「日本古代の王権と狩猟」（『日本歴史』第四八五号、一九八八年）。前田晴人「額田部連の系譜と職掌と本拠」（『日本歴史』第五二〇号、一九九一年）。

(53) 折口信夫「国文学の発生」（第二稿）」（『折口信夫全集』第一巻「古代研究（国文学篇）」一九六五年）。

(54) 土橋寛「古代歌謡の様式」（『古代歌謡論』一九六〇年）。

(55) 野本寛一「万葉集と山田の民俗」（『万葉集の考古学』一九八四年）。

(56) 日本古典文学大系『万葉集』巻四、一六五頁頭注。水野祐「隼人考」(『続律令国家と貴族社会』一九七八年)。

(57)『日本書紀』景行四十年是歳条。

(58)『日本書紀』雄略即位前紀。

(59) 中国では、鹿は帝位・政権をたとえるものであった。『唐詩選』巻一巻頭の魏徴の「述懐」には、「中原還《また》鹿を遂《お》ひ、筆を投じて戎軒《じゅうけん》を事とす。」とあり、中原の鹿が天下・帝位の象徴として表現されている。これは、鹿の音が禄に通じるためといわれているが、鹿を霊獣視する思想や支配権を表徴する政治儀礼的な狩猟と無関係ではなかろう。

(60) 狩猟民的伝統文化を保持する夫余族が建てた高句麗やその影響の少なくなかった百済で狩猟の占める位置が大きかったのは当然でもあるが、薬水里壁画古墳・舞踏塚・長川一号墳・徳興里古墳など高句麗の古墳壁画には狩猟画が少なくない。高句麗文化展実行委員会『高句麗文化展』(一九八五年)。読売テレビ放送編『好太王碑と集安の壁画古墳』(一九八八年)。

(61) 藤原宮跡からは「科野国伊奈評□(鹿カ)大贄」、平城宮跡からも「贄事猪山二裏四枝□(酢カ)海 鹿山二裏四枝漈二裏」の木簡が出土しており、獦贄関係のものとみられている。奈良国立文化財研究所『藤原宮出土木簡』五(一九八一年)、同『平城宮発掘調査出土木簡概報』一五(一九八二年)。

(62) 林陸朗・鈴木靖民編『復元天平諸国正税帳』。なお、異体文字は改めた。

(63) 直木孝次郎、注30。『復元天平諸国正税帳』(注62)、解説(四八九頁)。

(64)『復元天平諸国正税帳』(注62)、二三四頁頭注。

(65) この四頭の柄宍は、解体されたものではなく、首尾、四足のついたものであった。

(66) 石上英一、注7、同「日本古代における所有の問題」(『日本の古代』第一五巻「古代国家と日本」一九八八年)。

(67) 藤原宮跡から「板野評津屋里猪脯」の木簡が出土しており、大宝令以前から阿波国が猪脯を貢進していたことが知られる。奈良国立文化財研究所『飛鳥・藤原宮発掘調査出土木簡概報』二（一九七五年）。

(68) 天平八年度の『薩摩国正税帳』に「運府筆料鹿皮担夫弐人」とあって、その原料は鹿皮のままで薩摩国が大宰府に納めていた。

(69) 天平六年度の『尾張国正税帳』には「進上交易鹿皮肆拾張卅張洗韋十張不熟」とあり、天平十年度の『周防国正税帳』には「交易鹿皮壱拾伍張価稲陸拾壱束」とあって調達の具体的情況が知られるが、『延喜式』の規定とは若干異なる。

(70) 『延喜式』には、これらのほかにも原料（獣）名を記さない多くの皮・革・脯・筆などの貢進が定められている。

(71) 『日本書紀』天武十年十月条の新羅貢調品目中に鹿皮がみえるのをはじめ、天武紀や持統紀の新羅貢調品のなかには必ず皮がみえる。また、持統三年正月条にも粟田真人朝臣らが鹿皮五十枚・牛皮六枚を貢献したとあり、貢献品として皮が重視されていたことがわかる。なお、令制下では皮・革は大蔵省に収納し加工された。

(72) 前沢和之「古代の皮革」（『古代国家の形成と展開』一九七六年）。

(73) このなかに、鹿の他に牛・熊・猪などの皮を用いる祭祀もあるが、数量では鹿皮に及ばない。

(74) 岡田精司「古代伝承の鹿――大王祭祀復元の試み」（直木孝次郎先生古稀記念『古代史論集』上巻、一九八八年）。

(75) 延喜神祇式に鹿角を「隻」ではなく「頭」単位で記すのは、本来は鹿の頭についたままの鹿角、つまり鹿犠牲を用いたことの名残ではないかとも考えられる。なお、犠牲については先行研究が多くあり重複を避けた。中山太郎「動物犠牲考」（『日本民俗学』神事篇、一九三〇年）。柳田国男「鹿の耳」（『一目小僧その他』一九五四年、『定本柳田国男全集』第五巻に再録）。横田健一、注36。松前健「竜蛇神としての諏訪神」（『日本神話の形成』一九七〇年）。西郷信綱「イケニヘについて」（『神話と国家』一九七七年）など。

(76) これは、社会経済史的視点から、古代日本の社会的分業の未発達の問題とかかわって指摘されている。

鬼頭清明「古代における山野河海の所有と支配」（『日本の社会史』第二巻「境界領域と交通」一九八七年）。

第四章

（1）　堀一郎『日本のシャーマニズム』（一九七一年）、六四〜六五頁。孝霊天皇の女で崇神朝に大物主神の妻になったと伝えられる倭迹迹日百襲姫のヤマトトトビは、大和の鳥飛びの意で霊魂を鳥のように飛翔させる巫女の名という。上田正昭「王権と巫覡」（『古代伝承の研究』一九九一年）。

（2）　米田庄太郎「天鳥船」（『論集日本文化の起源』第三巻「民族学Ⅰ」一九七一年）。松本信広「古代伝承に表われた車と船」（『論集日本文化の起源』第三巻「民族学Ⅰ」一九七一年）。岩田慶治『日本文化のふるさと』（一九六六年）、同『草木虫魚の人類学』（一九七三年）。大林太良『稲作の神話』（一九七三年）。山上伊豆母「穀霊信仰と白鳥神話」（『古代祭祀伝承の研究』一九七三年）。石毛直道「人生の折り目」（『日本生活文化史』第一巻「日本的生活の母胎」一九七五年）。金関恕「神を招く鳥」（『考古学論集』一九八二年）。春成秀爾「銅鐸のまつり」（『国立歴史民俗博物館研究報告』第一二集、一九八七年）、同「九州の銅鐸」（『考古学雑誌』第七五巻第二号、一九八九年）、同『弥生時代の始まり』（一九九〇年）など。

（3）　管見によれば、島根県匹見遺跡から出土した縄文時代晩期の平板状の鳥形土製品ぐらいである。『奈良新聞』一九九一年七月一日付。

（4）　春成秀爾「銅鐸のまつり」（注2）、同『弥生時代の始まり』（注2）九三〜九四頁。

（5）　金関恕「弥生時代の宗教」（『日本考古学論集』第三巻「呪法と祭祀・信仰」一九八六年）、同「呪術と祭」（『岩波講座日本考古学』第四巻「集落と祭祀」一九八六年）。『弥生文化の研究』第八巻「祭と墓と装い」（一九八七年）ＰＬ2。なお、山口県宮ケ久保遺跡からは、鳥杆の鳥形とは異なる水鳥形木製品が、猪形などとともに出土している。中村徹也「木製動物群と土器に陽飾された動物文」（『考古学雑誌』第六五巻第三号、一九七九年）。

（6）　国分直一「生活と信仰・習俗」（『民族の世界史』第二巻「日本民族と日本文化」一九八九年）。

（7）八尾市立歴史民俗資料館『銅鐸と古代のまつり』（一九九〇年）。
（8）金関恕「神を招く鳥」（注2）、同「弥生時代の宗教」（注5）、同「呪術と祭」（注5）。
（9）国分直一「弥生人の信仰と民間伝承」（『弥生文化の研究』第八巻「祭と墓と装い」一九八七年）。
（10）奈良県立橿原考古学研究所附属博物館『絵画と記号』（一九八六年）。『弥生文化の研究』第八巻（注5）、PL3。
（11）奈良県立橿原考古学研究所附属博物館『はにわの動物園（I）』「関東の動物埴輪の世界」（一九九〇年）。
（12）白石太一郎編『古代史復元』第七巻「古墳時代の工芸」（一九九〇年）四二頁。
（13）大林太良『日本神話の起源』（一九七三年）二〇三〜二〇四頁、同『稲作の神話』（注2）一一九頁以下。
（14）『日本書紀』神代下巻七段一書第三、『延喜式』神名帳、『古語拾遺』など。
（15）土橋寛『古代歌謡全注釈』古事記編（一九七二年）三〇四頁。
（16）米田庄太郎「天鳥船」（注2）。
（17）松本信広「古代伝承に表われた車と船」（注2）、同「鳥夷の国」（『日本民族文化の起源』第三巻「東南アジアの文化と日本」一九七八年）。
（18）岩田慶治『草木虫魚の人類学』（注2）。
（19）金関恕「古代祭式の源流」（『古代の祭式と思想――東アジアの中の日本』一九九一年）。
（20）麟・鳳・亀・龍（『礼記』礼運篇）。
（21）白川静『中国古代の民俗』（一九八〇年）三一〜四三頁。
（22）漢の王族の一人で淮南国の国王であった劉安（前一七九〜前一二二）の撰述。
（23）周代から春秋時代までの、およそ前後数百年間の三百余篇を集めた中国最古の詩集。
（24）中国古典文学大系『詩経・楚辞』注（三三頁）。
（25）白川静『中国古代の文化』（一九七九年）一九二〜一九五頁。
（26）清田圭一「海若と東王父――浦島説話の原像」（『環シナ海文化と古代日本――道教とその周辺』一九九

〇年)。
(27) 東 潮「古代朝鮮の祭祀遺物に関する一考察――異形土器をめぐって」(『国立歴史民俗博物館研究報告』第七集本篇、一九八五年)。
(28) 『韓国美術五千年展』(一九七六年)。なお、慶州の瑞鳳塚からは三羽の鳥形と一対の鹿角、三本の生命樹を配した金冠も出土している。
(29) 張籌根「民間信仰」(『韓国民俗学概説』一九七七年)、同「韓日両国の古代民間信仰」(『比較古代日本と韓国文化』一九八〇年)。
(30) 赤松智城・秋葉隆『朝鮮巫俗の研究』下巻(一九三八年)。秋葉隆『朝鮮巫俗の現地研究』(一九五〇年)、同『朝鮮民俗誌』(一九五四年)。
(31) 金関恕「弥生時代の宗教」(注5)。
(32) 依田千百子「古代朝鮮の祭儀と信仰」(『日本の古代』第一三巻「心のなかの宇宙」一九八七年)。
(33) 赤松智城・秋葉隆『満蒙の民族と宗教』(一九四一年)。ウノ・ハルヴァ(田中克彦訳)『シャマニズム――アルタイ系諸民族の世界像』(一九七一年)。ミルチャ・エリアーデ(堀一郎訳)『シャーマニズム――古代的エクスタシー技術』(一九七四年)。アレクセイ・オクラードニコフ(加藤九祚・加藤晋平訳)『シベリアの古代文化』(一九七四年)。
(34) 依田千百子「古代朝鮮の祭儀と信仰」(注32)。
(35) 大林太良『稲作の神話』(注2)。山上伊豆母「穀霊信仰と白鳥神話」(注2)。
(36) 『日本書紀』神代下第十段一書第一および第三にも類話が記されている。
(37) 池浩三『家屋文鏡の世界――古代建築群の構成原理』(一九八三年)。谷川健一「黄泉への誘い鳥――鵜」(『神・人間・動物――伝承を生きる世界』一九八六年)。
(38) 『日本霊異記』上巻第九話は、皇極二年(六四三)に但馬国七美《しづみ》郡山里の人の女児が鷲にさらわれたが七年後に丹波国加佐郡で父と再会するを得たという物語であるが、これも本来は鳥霊信仰にもとづく誕生説話を核にするものではなかったかと考えられる。中国の雲南省に住むチベット・ビルマ系の彝《イ》族には、嫁した女に子供が産まれると、実家から、子供の寿命を象徴すると信じられ、ただ飼うだけでけっして食うことのない二羽のニワトリを贈る習俗が今も行なわれているのも参考になる。鈴木正崇・金丸良子「雲南省彝族民俗調査ノート」(『東アジアの古代文化』第四一号、一九八四年)。

(39) 国分直一「死の鳥」(『日本民族文化の研究』一九七〇年)。立平進「死者の鳥」(『考古学ジャーナル』第一六六号、一九七九年)。

(40) 山上伊豆母「穀霊信仰と白鳥神話」(注2)。金関恕「弥生時代の祭祀と稲作」(『考古学ジャーナル』第二二八号、一九八四年)、同「弥生時代の宗教」(注5)。寺沢薫「弥生人の心を描く」(『日本の古代』第一三巻「心のなかの宇宙」一九八七年)。

(41) 原島礼二『日本古代社会の基礎構造』(一九六八年)一四五〜一四六頁。

(42) 国分直一「死の鳥」(注39)。

(43) ウノ・ハルヴァ『シャマニズム』(注33)。

(44) ミルチャ・エリアーデ『シャーマニズム』(注33)。

(45) 金関恕「弥生人の精神生活」(『古代史発掘』第四巻「稲作の始まり」一九七五年)。

(46) 国分直一「死の鳥」(注39)。

(47) 天野末喜「津堂城山古墳の埴輪」(『季刊考古学』第二〇号、一九八七年)。

(48) 天野末喜「津堂城山古墳の埴輪」(注47)。

(49) 水野正好「埴輪芸能論」(『古代の日本』第二巻「風土と生活」一九七一年)、同「芸能の発生」(『講座日本の古代信仰』第五巻「呪禱と芸能」一九八〇年)。

(50) 土橋寛「国見の意義」(『古代歌謡と儀礼の研究』一九六五年)。

(51) 奈良県立橿原考古学研究所附属博物館『はにわの動物園(Ⅱ)』「近畿の動物埴輪の世界」(一九九一年)。

(52) 間壁忠彦「吉備の埴輪」(『古代史発掘』第七巻「埴輪と石の造形」一九七四年)。

(53) 金関恕「呪術と祭」(注5)。奈良県立橿原考古学研究所『橿原市四条遺跡発掘調査現地説明会資料』(一九八八年)。高橋美久二「木製の埴輪再論」(『東アジアの古代文化』第五六号、一九八八年)、同「『木製の埴輪』とその起源」(『古代の日本と東アジア』一九九一年)。勝部明生「木製葬具は〝木の埴輪〟か」(『東アジアの古代文化』第五六号、一九八八年)。石野博信「祭祀と王権」(『古墳時代史』一九九〇年)。

(54) 高橋美久二「『木製の埴輪』とその起源」(注53)。

(55) ただし、山口市の山口大学附属小学校運動場の古墳時代前期から中期の溝状遺構から、鳥形木製品を先端に装着した現存約一メートルの鳥杆が出土(『季刊考古学』第八号、一九八四年)しており、古墳時代の鳥形木製品(鳥杆)が喪葬以外に使用されたことも考えなければならない。

(56) 河瀬正利「鳥付装飾須恵器について」(『考古学雑誌』第五九巻第四号、一九七四年)。田辺昭三『陶磁大系』第四巻「須恵器」(一九七五年)。田中琢・田辺昭三『日本陶磁全集』第四巻「須恵器」(一九七七年)。坂野和信「長野県金鋳場遺跡出土の水鳥鈕蓋付平瓶について」(『考古学雑誌』第六五巻第三号、一九七九年)。石野博信・他編『古墳時代の研究』第六巻「土師器と須恵器」(一九九一年)。小都隆「広島県高田郡向原町一ッ町古墳出土の亀形瓶」(『考古学雑誌』第七六巻第三号、一九九一年)。

(57) 井上太「群馬県藤岡市白石出土の水鳥形注口土器」(『考古学雑誌』第六五巻第三号、一九七九年)。

(58) 李殷昌「土器」(『韓国の考古学』一九七二年)。小都隆「広島県高田郡向原町一ッ町古墳出土の亀形瓶」(注56)。

(59) 『日本史総覧』第一巻「装飾古墳一覧」(一九八三年)。森貞次郎『装飾古墳』(一九八五年)。

(60) 『日本書紀』神代下第九段にも同様の記載がある。

(61) 新井喜久夫「遊部考」(『続日本紀研究』第九巻第九号、一九六二年)。

(62) 土橋寛「国見の意義」(注50)。松前健「天若日子神話考」(『日本神話と古代生活』一九七〇年)。

(63) 窪添慶文「中国の喪葬儀礼」(『東アジア世界における日本古代史講座』第九巻「東アジアにおける儀礼と国家」一九八二年)。

（64）　土橋寛「国見の意義」（注50）。

第五章

（1）　直木孝次郎「土師氏の研究」（『日本古代の氏族と天皇』一九六四年）。土師氏研究史についても直木氏の要約がある。直木孝次郎「土師氏をめぐって」（『古代を考える』第一八号、一九七九年）。
（2）『続日本紀』延暦九年十二月辛酉条には、「其の土師氏に惣て四腹あり。中宮の母家は是れ毛受腹なり。故に毛受腹には大枝朝臣を賜ふ。自余の三腹は或は秋篠朝臣に従ひ、或は菅原朝臣に属せり。」とある。
（3）　和田萃「ハニ・土師氏・古墳」（『考古学と古代史』一九八二年）。
（4）『続日本紀』天応元年六月壬子系、同延暦元年五月癸卯条。
（5）　津田左右吉『日本古典の研究』下巻（一九五〇年）。
（6）『日本書紀』は次のように記す。仁徳―百舌鳥野陵。履中―百舌鳥耳原陵。反正―耳原陵。
（7）　小林行雄『古墳の話』（一九五九年）五〜六頁。
（8）　白石太一郎「古墳築造にかかわる祭祀・儀礼」（『季刊考古学』第三号、一九八三年）。
（9）　松村武雄『日本神話の研究』第四巻（一九五八年）四九二頁以下。
（10）『朝野群載』所収。
（11）　古橋信孝『古代和歌の発生』（一九八八年）八〇頁以下。
（12）　柳田国男「鹿の耳」（『一目小僧その他』一九五四年、『定本柳田国男全集』第五巻に再録）。
（13）　現在では、剝製の鹿を用いるという。三輪磐根『諏訪大社』（一九七八年）。
（14）　内外を問わず、動物の耳を神聖視する民俗例は珍しいことではない。柳田国男監修『民俗学辞典』（一九五一年）二七七頁。友枝敬泰「リャマの儀礼とシトゥアの祭典」（『アンデス文明展図録』一九八九年）。小島瓔禮「天から小馬で来る女」（『人・他界・馬』一九九一年）。
（15）　赤松智城・秋葉隆『満蒙の民族と宗教』（一九四一年）。

（16）以下の記述は次の諸書を参照。大阪府文化財センター『大阪府文化財地名表』、同『大阪府文化財地図』（いずれも一九七七年）。日本歴史地名大系『大阪府の地名』（一九八六年）。
（17）天平十五年九月一日付の「摂津職移」（『寧楽遺文』下巻）には「島上郡野身郷」とある。
（18）野身神社のそばに、野見宿禰の墓と伝える宿禰塚古墳がある。
（19）高槻市埋蔵文化財センター『新池遺跡の調査』、同『新池遺跡の調査（Ⅱ区）』（いずれも一九八九年）。森田克行「新池遺跡」（『古墳時代の研究』第二巻、一九九〇年）。
（20）奈良市菅原東遺跡から六世紀代の埴輪窯が六基出土している。奈良市教育委員会『平城二年度、近鉄西大寺駅南土地区画整理事業に伴う埋蔵文化財発掘調査現地説明会資料』（一九九〇年）。奈良県立橿原考古学研究所附属博物館『大和を掘る、一九九〇年度発掘調査速報』（一九九一年）。
（21）最近、藤井寺市土師の里遺跡から五世紀後半の円筒棺を埋蔵施設とする一辺一二メートルの方墳跡が出土し、土師氏の族長級の墳墓ではないかとみられている。藤井寺市教育委員会『藤井寺市土師の里遺跡現地説明会資料』（一九九一年）。
（22）土師の里遺跡は古市古墳群北群に、誉田白鳥遺跡は同南群に対応するという。野上丈助「埴輪生産をめぐる諸問題」（『考古学雑誌』第六一巻第三号、一九七六年）。
（23）『新撰姓氏録』摂津国神別条に載る土師連か。なお、『日本書紀』雄略十七年三月条に贄土師部を設置したと記す摂津国来狭狭村は、現大阪府豊能郡能勢町に比定されており、三嶋の耳原とはやや距離がある。
（24）山城国乙訓郡大江郷を本貫とした大枝朝臣は毛受腹の土師氏の後と伝える（注2）が、それは和泉の百舌鳥ではなく、摂津国三嶋の毛受ではなかったか。
（25）今井堯・近藤義郎「群集墳の盛行」（『古代の日本』第四巻「中国・四国」一九七〇年）。白石太一郎「古墳築造にかかわる祭祀・儀礼」（注8）。都出比呂志「墳墓」（『岩波講座日本考古学』第四巻「集落と祭祀」一九八六年）。御所市教育委員会『巨勢山古墳群Ⅱ』（一九八七年）。和田晴吾「葬制の変遷」（『古代史復元』第六巻「古墳時代の王と民衆」一九八九年）。

(26) 乙益重隆「土地の信仰」(『季刊考古学』第二号、一九八三年)。和田萃「新発見の文字資料」(『日本の古代』第一四巻「ことばと文字」一九八八年)。
(27) 滝川政次郎「百済武寧王妃墓碑々陰」(『古代文化』第二四巻第七号、一九七二年)。
(28) 奈良国立博物館『発掘された古代の在銘遺宝』(一九八九年)。
(29) 和田萃「竹の内街道とその周辺」(『古代を考える』第八号、一九七六年)。
(30) 吉井巌「ヤマトタケルの物語と土師氏」(『天皇の系譜と神話』一、一九六七年)。ただし、百舌鳥の土師氏ではなく、河内の志紀の土師氏であろう。
(31) 津田左右吉、注5。六〇頁以下。
(32) 津田左右吉、注5。
(33) 東野治之「飛鳥奈良朝の祥瑞災異思想」(『日本歴史』第二五九号、一九六九年)。
(34) 四世紀前葉に葛洪が著す。
(35) 曽布川寛『崑崙山への昇仙』(一九八一年)五六頁以下。
(36) ヤマトタケル物語の完成は、六世紀以降のことという。上田正昭『日本武尊』(一九五〇年)。吉井巌『ヤマトタケル』(一九七七年)。
(37) このほかに、『日本書紀』仲哀元年十一月条に、「乃ち神霊、白鳥と化りて天に上ります。」とあり、同じく仁徳六十年十月条に、「是の陵、本より空し。」とあって、ヤマトタケルの尸解仙が強く意識されていたことが窺われる。
(38) 平凡社版中国の古典シリーズ本(本田済訳)による。
(39) 片岡山での尸解仙伝説の形成には、渡来系調使氏の関与が推察されている。なお、死者霊の白鳥化成飛翔譚も尸解仙信仰の影響により成立したとみる説もある。飯田瑞穂「聖徳太子片岡山飢者説話について」(『続日本古代史論集』中巻、一九七二年)。
(40) 土師氏は河内の渡来人との地縁的親縁性からすでに尸解仙思想を受容しており、ヤマトタケルの尸解仙伝説は土師氏の手によるものとの説もあるが、その可能性は少なくないと考える。前川明久「土師氏と帰化人」（『日本歴史』第二五五号、一九六九年）。
（41）延喜諸陵式も、ヤマトタケルについては伊勢国能裒野墓を記すのみである。
（42）本居宣長『古事記伝』二十九之巻。
（43）日本歴史地名大系『奈良県の地名』（一九八一年）。
（44）以下は、日本歴史地名大系『三重県の地名』（一九八三年）を参照。
（45）『群書類従』第一輯。
（46）日本古典文学大系『日本書紀』下巻、頭注五四頁。
（47）皇学館大学『式内社調査報告』第七巻（一九七七年）。
（48）なお、白鳥陵伝説の形成に、息長氏との関係を重視する見解もある。守屋俊彦「伊吹山の神」（『ヤマトタケル伝説序説』一九八八年）。
（49）上田正昭氏は、ヤマトタケル伝説の成立後に彼を追慕して三白鳥陵の比定が行なわれたと説く。しかし、前川明久氏が指摘するように、三白鳥陵伝説は、本来のヤマトタケル物語とは別に成立し後に付加されたものである可能性が高いと考えられる。上田正昭『日本武尊』（注36）。前川明久「ヤマトタケル白鳥伝説の一考察」（『日本歴史』第一七二号、一九六二年）。
（50）吉井巌「ヤマトタケルの物語と土師氏」（注30）。土橋寛『古代歌謡全注釈』古事記編（一九七二年）、同「宮廷の歌舞」（『講座日本の古代信仰』第五巻「呪禱と芸能」一九八〇年）。山上伊豆母「穀霊信仰と白鳥神話」（『古代祭祀伝承の研究』一九七三年）。前川明久「贄土師韓竈考」（『日本歴史』第三七四号、一九七九年）。松前健「ヤマトタケル伝承の成立」（『大和国家と神話伝承』一九八六年）。
（51）新井喜久夫「遊部考」（『続日本紀研究』第九巻第九号、一九六二年）。
（52）上田正昭「楯節舞と檜前忌寸」「土師の舞人」（いずれも『日本古代国家論究』一九六八年）。和田萃「飛鳥・奈良時代の喪葬儀礼」（『東アジア世界における日本古代史講座』第九巻「東アジアにおける儀礼と国家」一九八二年)。

第六章

(1) 横田健一『日本古代の精神』(一九六九年、『神話の構造』に再録)。なお、中国古代でも智識が普及・深化するとともに人文主義が興隆してくると、神秘主義的傾向は衰退するという。張光直『中国青銅時代』(一九八九年)。

(2) 箭括氏麻多智の建てた梲は境界を示す標であり、『日本書紀』推古二十八年十月条に欽明妃の堅鹽媛を改葬した檜隈陵に建てさせたという大柱と、同様の性格のものであろう。なお、先にも朝鮮の鳥杆について触れたが、境界標示に柱を建てる風は古代日本に限るものではない。櫻井龍彦「境界に立つ柱」(『日中文化研究』一、一九九一年)。

(3)『古事記』上巻には、大穴牟遅神が木の俣に挾んだという木俣神もみえる。

(4) 小島瓔禮「馬頭観音以前のこと」(『人・他界・馬』一九九一年)。

(5) 石上堅「愛情をむすぶ二股の木」(『木の伝説』一九六九年)。

(6) 日本古典文学大系による。以下同じ。

(7) 松前健「木の神話伝承と古俗」(『古代信仰と神話文学』一九八八年)。

(8) 下野敏見「南西諸島の海人」(『日本民俗文化大系』第五巻「山民と海人」一九八三年)。

(9) J・G・フレイザー(永橋卓介訳)『金枝篇』一、第九章「樹木崇拝」(一九五一年)。

(10) 松岡静雄『新編日本古語辞典』(一九三七年)三八六頁。

(11) 聞一多「伏羲考」(『中国神話』一九八九年)。なお、朝鮮にはヒョウタンから穀物の種や宝物がもたらされたとする昔話が多く分布する。崔仁鶴「昔話の同郷性について」(『比較古代日本と韓国文化』一九八〇年)。

(12) 森川昌和「縄文人の知恵と生活」(『日本の古代』第四巻「縄文・弥生の生活」一九八六年)。アサヒグラフ編『新・古代史発掘』（一九八八年）。
(13) 久々忠義「富山県江上A遺跡」（『季刊考古学』第一五号、一九八六年）。
(14) 八尾市立歴史民俗資料館『銅鐸と古代のまつり』（一九九〇年）。
(15) 『延喜式』所収の鎮火祭祝詞には、イザナミ命が「水神・匏・川菜・埴山媛」の四種のものを生み、これを用いて火神を鎮めることを教えたとあり、ここでもヒョウタンが水性の呪物としてあらわれる。
(16) 茨田連衫子の水神祭祀は、自然神に対する脅迫的祈願ともみられている。土橋寛『日本語に探る古代信仰』（一九九〇年）二〇三頁。
(17) 茨田連関係より出た伝承をもとにした記事か。なお、畿内人と畿外人、有姓（衫子）と無姓（強頸）という対照的な記述は、意図的な感じが強い。
(18) 日本古典文学大系『古事記』頭注（二三〇頁）。
(19) 日本思想大系『古事記』補注（二一一頁）。
(20) 注19。
(21) 一一四五年に金富軾が撰進。
(22) 戸川芳郎・木山英雄・沢谷昭次訳の中国古典文学大系本による。
(23) 後世にも、伊勢神宮の「神灰」や金剛峯寺の「護摩の灰」に対する呪性崇拝があった。網野善彦「境界領域と国家」（『日本の社会史』第二巻「境界領域と交通」一九八七年）。
(24) 横田健一、注1。
(25) これらの具体例については別稿で述べた。平林章仁「古代天皇の宮都と神社」（『古代文化史論攷』第一〇号、一九九〇年）。

あとがき

近代文明のなかで生活する現代人には、人が動物に変化《へんげ》したり他界へ自由に往来するという古代の神話や伝承は、事実としては信じがたく、それは摩訶不思議《まかふしぎ》の世界である。しかし、古代人にも、それが摩訶不思議であったとは限らない。彼らには、それは有りうること、信じなければならないことであった、と思う。この違いは、彼らと現代人の世界観の相違に由来する。

近代的合理主義のみでは、世界観のことなる古代人の内面を十分に描き出すことはむつかしい。本書では、近代的合理観に基づく解釈を避け、できるだけ古代人の精神に基づく理解を心掛けた。つまり、古代人の心意の特徴に留意し、それに基づいて古代の神話や伝承、祭祀や儀礼を理解しようと努めた。

彼らの宗教的心性、信仰の特徴の一つに、象徴を重視する傾向の強いことがある。古代人にとって、象徴は単なる符牒や比喩ではなかった。それは、真実在の本質と固く結びついたもの、または真実在に到達する媒介となるもの、ある場合には本質そのものであった。このように、象徴は存在の本質をも左右する力をもつと信じる古代人の思惟は、神話・儀礼・呪術などとも不可分な関係にあり、これらを生み出す宗教的、思想的背景のひとつでもある。

象徴を重視する社会はまた、変身・変化《へんげ》の世界でもある。古代人には、変身・変化はけっして奇跡や摩訶不思議ではなく、日常の目前の事実であった。

人は、鳥の羽根を髪差すことにより、鳥に変身するだけでなく、その霊力をも身につけて自由に大空を飛翔《ひしょう》したり、鳥と会話したりすることが出来ると考えられた。また、鹿角を冠し鹿皮をまとうことにより、鹿に変化するだけでなく、生命の永遠を得ることができると信じられた。

このように呪術性の強い社会では、人と自然の関係は、現代とは異質のものであった。動物などの異類や異形、怪奇な事物や事象は、それらの内に秘めていると信じられた霊的な力の強さのゆえに畏怖・崇敬され、さらには信仰・祭祀されるとともにさまざまな呪術や儀礼が行なわれ、広くその神話も語られた。

古代人の宗教的心性の独特な方向のひとつが、このような不可見の力、存在の神秘的な力と能力に強い関心をよせたことであるが、その動物観は彼らの世界観でもあった。古代日本には、動物神の神裔《しんえい》と称する氏族と結びついた動物崇拝だけでなく、種々な動物や生物との間に、宗教的な場での多様な結びつきが広汎に存在したのである。本書は、そのなかの鹿と鳥に関する諸問題の一部についいて、述べたにすぎない。

なお、一九七八年に中華人民共和国湖北省随州市の西北郊で発掘された『曽侯乙墓《そうこういつぼ》』展が、一九九二年春に東京で催された。東京のみの展覧であったため、『図録』でしかその概要を知りえないが、曽侯乙墓は紀元前四三三年を上限とする春秋末から戦国初期のものである。そこから六二三九点の青銅器をはじめ、各種の多様な遺物が出土したが、それは『山海経《せんがいきょう》』や『淮南子《えなんじ》』の世界を彷彿させるものであった。

そのなかで、曽侯乙の棺のすぐ東側に置かれていた、頭に二本の鹿角を付けた鶴の姿をした霊鳥（青銅製で高さ一四三、五センチ）には、驚きを禁じえなかった。この鹿角をつけた霊鳥の用途や意味については明らかでないが、主棺の東側に置かれていたことからみて、重要な意味を付与された副葬品であったことは確かである。中国でも古くから鹿（角）と鳥が喪葬観念の中で重要な位置を占めていたことが窺われるが、殊に鹿角と鳥（鶴）を合体させていることは大変興味深く思われる。

本書のもとになった旧稿は、左記の通りである。

「海を渡る鹿」（『古代文化史論攷』第七号、一九八七年）。

「描かれた鹿」（『龍谷史壇』第九一号、一九八八年）。

「日本古代における肉食・狩猟・祭祀」（日野昭博士還暦記念『歴史と伝承』一九八八年）。

「土師氏の伝承と儀礼」（横田健一編『日本書紀研究』第一八冊、一九九二年）。

ただし、今回、一書に編むに際し、各章とも新たに書き直した。したがって、すべて新稿に等しいが、とくに第四章と第六章はまったくの新稿である。

ところで、私が中学や高校の教員生活のかたわら今日まで日本古代史の勉学を続けることができたのは、日野昭先生、横田健一先生、日野研究室輪読会や京都日本書紀研究会の諸兄の学恩によるものである。

また、本書の出版は辰巳和弘氏の強い御推薦により実現した。

最後に、白水社編集部関川幹郎氏には出版事情の悪いなか、大変お世話になった。

一九九二年八月六日

平林章仁

插図・写真出典一覧

插 図

1. 奈良県立橿原考古学研究所附属博物館『大和を掘る 7』1987 年.
2. ウノ・ハルヴァ（田中克彦訳）『シャマニズム』三省堂，1971 年.
3. 奈良県立橿原考古学研究所附属博物館『絵画と記号』1986 年.
4. 佐々木謙「鳥取県淀江町出土弥生式土器の原始絵画」(『考古学雑誌』第 67 巻第 1 号，1981 年).
5. 筆者模写.
6. 大阪府立弥生文化博物館『弥生の神々』1992 年.
7. 奈良県立橿原考古学研究所附属博物館『絵画と記号』1986 年.
8. 神澤勇一「弥生時代，古墳時代および奈良時代の卜骨・卜甲について」(『日本考古学論集』第 3 巻「呪法と祭祀・信仰」吉川弘文館，1986 年.
9. 奈良県立橿原考古学研究所附属博物館『はにわの動物園Ⅱ』1991 年.
10. 森貞次郎『装飾古墳』教育社，1985 年.
11. 『弥生文化の研究』第 8 巻「祭と墓と装い」雄山閣，1987 年.
12. 『史跡池上・曽根遺跡の検討』(「古代を考える 48」1988 年).
13. 秋葉隆『朝鮮民俗誌』六三書院，1954 年.
14. 小都隆「広島県高田郡向原町一ッ町古墳出土の亀形瓶」(『考古学雑誌』第 76 巻第 3 号，1991 年).
15. 森貞次郎『装飾古墳』教育社，1985 年.
16. 明治 20 年測量仮製地形図に加筆.
17. 湖南省博物館・中国科学院研究所『長沙馬王堆一号漢墓』上巻（日本語版，平凡社，1973 年).

写 真

1. 陶器大系 3『埴輪』平凡社，1974 年.
2. 辰馬考古資料館『銅鐸』1978 年.
3. 同上『絵画のある銅鐸』1990 年.

4. 日本陶磁全集 4『須恵器』中央公論社，1977 年.
5. 同上.
6. 大阪府立弥生文化博物館『弥生の美』1991 年.
7. 日本経済新聞社『中華人民共和国青銅器展』1976 年.
8. 同上『スキタイとシルクロード美術展』1969 年.
9. 中近東文化センター『トルコ文明展』1985 年.
10. 奈良県立橿原考古学研究所附属博物館『はにわの動物園Ⅱ』1991 年.
11. 日本陶磁全集 4『須恵器』中央公論社，1977 年.
12. 八尾市立歴史民俗資料館『銅鐸と古代のまつり』1990 年.

著者略歴
一九四八年生まれ。
一九七一年、龍谷大学卒業。
現在、龍谷大学文学部教授、博士（文学）。
主要著書
『橋と遊びの文化史』（一九九四年）
『蘇我氏の実像と葛城氏』（一九九六年）
『七夕と相撲の古代史』（一九九八年）
『三輪山の古代史』（二〇〇〇年）
『七世紀の古代史』（二〇〇二年、以上、白水社）
『神々と肉食の古代史』（二〇〇七年、吉川弘文館）

本書は、一九九二年に初版が小社より刊行された。

鹿と鳥の文化史《新装版》
——古代日本の儀礼と呪術

二〇一一年一月二〇日 印刷
二〇一一年二月一〇日 発行

著者 © 平《ひら》林《ばやし》章《あき》仁《ひと》
発行者 及川直志
印刷所 株式会社 理想社
発行所 株式会社 白水社
東京都千代田区神田小川町三の二四
電話 営業部〇三（三二九一）七八一一
編集部〇三（三二九一）七八二一
振替 〇〇一九〇―五―三三二二八
郵便番号 一〇一―〇〇五二
http://www.hakusuisha.co.jp
乱丁・落丁本は、送料小社負担にてお取り替えいたします。

加瀬製本

ISBN978-4-560-08120-4

Printed in Japan